INTELLIGENT PROCUREMENT

the Method and Practice of Digital Transformation

姜宏锋 张喆 程序 ◎著

数智化采购
采购数字化转型的方法论与实践

图书在版编目（CIP）数据

数智化采购：采购数字化转型的方法论与实践 / 姜宏锋，张喆，程序著 . -- 北京：机械工业出版社，2021.11（2025.1 重印）
ISBN 978-7-111-69324-6

I. ①数… II. ①姜… ②张… ③程… III. ①数字技术－应用－采购 IV. ① F713.3-39

中国版本图书馆 CIP 数据核字（2021）第 206536 号

数智化采购：采购数字化转型的方法论与实践

出版发行：机械工业出版社（北京市西城区百万庄大街 22 号　邮政编码：100037）
责任编辑：孙海亮
责任校对：殷　虹
印　　刷：北京建宏印刷有限公司
版　　次：2025 年 1 月第 1 版第 2 次印刷
开　　本：147mm×210mm　1/32
印　　张：8
书　　号：ISBN 978-7-111-69324-6
定　　价：89.00 元

客服电话：（010）88361066　88379433　68326294

版权所有·侵权必究
封底无防伪标均为盗版

| 前言 |

为什么写本书

2018年写《采购4.0》《决胜供应链》与《供应链质量防线》这三本书的时候，笔者就已将本书列入写作计划，并与机械工业出版社签订了出版合同。当时笔者已觉察到"数智化"是未来的一个趋势，但那时企业管理者对数智化接受度都不高。随着数字化在各行各业落地，采购数智化开始被重视，但是大多数企业管理者依然不理解怎么进行数智化，所以笔者认为有必要尽快完成这本关于数智化采购的书，让更多企业管理者重视采购、重视采购数字（数智）化，从而释放采购价值、创造企业竞争优势。所以笔者联合了两位好友——数智化采购领域的实战专家张喆老师与程序老师，开启了本书的写作征程。

本书的价值

本书的价值主要体现在如下几个方面。

- 在当前激烈的竞争环境下,采购管理是企业价值挖潜空间最大、管理最薄弱的环节。很多企业老总重销售、轻采购,认为采购就是保障供应的部门,这极大地限制了采购人员的价值发挥。一家企业 60% 以上的成本是由采购部门支出的,采购省下的都是净利润,企业管理者除了要向销售人员要收入,还要向采购人员要利润。同时采购人员又是企业外部资源的重要管理者,可帮企业打造供应链管理竞争方面的优势,所以采购管理升级至关重要。管理阳光化、团队专业化、流程数智化是我们给很多企业的建议。
- 很多企业对数字化很重视,但对数智化采购重视不够、投入不足,限制了采购价值的释放。反过来说,数智化采购的薄弱恰恰意味着其有更大的潜力。数智化采购是数字化采购的进化版。尽管数字化已上升为数字经济,成为国家战略,但我们看到的企业现状却是,有的企业采购管理还在以 Excel 为工具,有的企业信息化改造尚未完成,能够推行数智化的企业更是凤毛麟角。
- 数智化采购意味着一场采购革命。数智化采购让采购职能、供应链连接方式都发生了改变,组织架构和员工技能也随之转变。以往采购人员负责的事务型工作极有可能被数智化替代,80% 以上传统采购人员可能要面临二次择业。采购人员要主动向具有更高价值和不易被数字化替代的工作转型,如战略采购专家、物资品类专家、供应商全生命周期管理人员、数字化运营人员等。
- 本书最大的特色是对采购业务场景进行了全面梳理,规划了数智化解决方案。本书创新性地提出了数智化采购 4.0

模型，梳理了 4 种采购场景并给出了数智化解决方案。
- 以不同场景下的标杆企业数智化采购转型为例，解析了数智化采购的价值与创新。本书全面介绍了低调、务实的大型国企 Q 集团利用数智化创新推行集团采购的过程，民营车企长城汽车采购数智化变革之路，电商平台企业的代表震坤行建设数智化采购供应链的方法。这些企业都通过构建数智化平台实现了为业务赋能的目的。他山之石，可以攻玉，期待这些案例能给读者提供认知上的启发、实施上的指南。

谁适合阅读本书

如果你属于下列人群之一，那么本书会是你一个不错的选择：

- 准备推动企业数字化建设的企业管理者、采购与供应链管理者；
- 想帮助业务部门梳理采购业务需求与流程的数字化负责人；
- 想了解客户的需求、痛点并帮助客户落地愿景的数字化供应商。

有远见的企业会理解数智化的价值与趋势，拥抱变化、连接客户、高效运营、构建生态，最终实现降本增效、商业创新。

如何阅读本书

本书围绕数智化采购展开，共分为 5 个部分，分别解决了采购为什么要数智化、数智化采购是什么、我该如何做、他人是如何做的、未来是什么样子的这 5 个问题。

第一部分——探究（第 1 章），主要从数字时代、采购管理变革、采购职业转型 3 个维度，介绍了为什么说数智化采购是场必然的革命。

第二部分——架构（第 2 章和第 3 章），主要介绍了数智化采购 4.0 的发展路径与数智化采购实施要点。

第三部分——业务规划（第 4 章），基于采购业务场景的数智化规划，重点介绍了集团型采购数智化规划、精益型供应链数智化设计、敏捷型供应链数智化规划、间接采购数智化规划 4 类规划方式。这部分也是本书的重点。

第四部分——全景案例（第 5～7 章），以 Q 集团为例介绍了央企、国企以数智化推行集团采购的实践，以长城汽车为例介绍了民营企业的采购数智化实践，以震坤行为例介绍了电商企业是如何构建数智化平台为业务赋能的。

第五部分——展望（第 8 章），通过介绍采购中台、RPA 与趋势展望，为读者全景呈现了数智化采购的最新实践与未来可能的发展。

本书第 1 章、第 2 章、第 7 章由姜宏锋执笔，第 3～5 章主要由张喆执笔（第 4 章部分内容由姜宏锋撰写），第 6 章、第 8 章由程序执笔。全书由姜宏锋统稿。

本书结构导图如下。

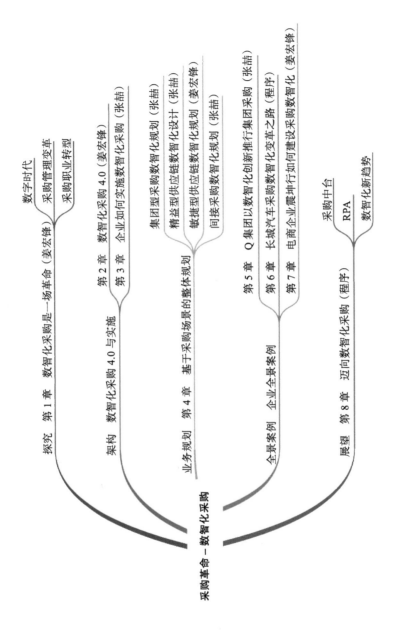

致谢

感谢日立电梯何月银老师为本书提供创新素材。

感谢震坤行王飒、副总裁李俊雨、COO黄明明在震坤行案例上提供的支持。

感谢何月银老师与扈彩云老师在百忙之中对本书进行审校。

感谢机械工业出版社杨福川与孙海亮为本书做出的杰出贡献。本书是我们合作出版的第3本书。

感谢本书中提及的众多企业，这些企业都是数智化方面的积极实践者，其中包括长城汽车、Q集团、工业品超市震坤行等。

感谢千千万万的供应链奋斗者、数字化（数智化）的推进者。感谢这个伟大、充满各种可能性的时代！

数智化采购面临着复杂的企业场景，每家企业文化不同、面临的挑战不同，解决方法也会有差异，限于篇幅，本书不能一一列举。另外，受限于我们自身的能力，书中内容难免有不当之处，欢迎各位读者、专家、数智化采购的实践者不吝指正。本书会不断迭代，与时俱进，为数智化采购在中国的落地与发展尽绵薄之力。

数智化采购的美好明天，我们一同见证，一同创造。

姜宏锋

| 目录 |

前言

第一部分 探究

第1章 数智化采购是一场革命

第1节 数字时代已经到来 … 2

第2节 采购管理变革 … 10

  采购范围扩权：从小采购的交易操作到大采购的集成管理 … 10

  企业对采购价值的要求在不断提高 … 15

  采购管理体系不断进化 … 19

第3节 数智化时代采购人的职业转型 … 22

  两个典型的案例 … 23

  采购人员必须完成的3个转变 … 25

第二部分　架　构

|第2章| 数智化采购4.0

第1节 数智化采购4.0模型　31

数智化采购1.0阶段＝人工＋线下采购　31

数智化采购2.0阶段＝信息化＋采购　31

数智化采购3.0阶段＝数字化＋采购　32

数智化采购4.0阶段＝智能化＋采购　34

第2节 企业数智化采购转型准备　37

采购数智化能力现状评估　38

数智化采购系统要解决的12个问题　43

|第3章| 企业如何实施数智化采购

第1节 数智化采购实施的8个步骤　44

第2节 企业推行数智化采购的7个关键点　53

关键点1：谁来主导　53

关键点2：需求梳理　54

关键点3：预算评估　58

关键点4：其他系统衔接　58

关键点5：数智化供应商的选择　60

关键点6：商务谈判/招标避雷　65

关键点7：项目实施控制　68

第三部分 业务规划

|第4章| 基于采购业务场景的整体规划

第1节　集团型采购业务场景解决方案　　75

　　第1步：集团采购品类梳理　　76

　　第2步：集团管控模式设计　　77

　　第3步：集中策略设计　　78

　　第4步：集团与分/子公司权责规划　　80

　　第5步：制定合适的采购方式　　81

　　第6步：供应商管理规划　　84

　　第7步：合规管理　　87

　　第8步：成本管理　　89

　　第9步：制度建设　　90

　　第10步：采购业务标准化　　91

　　第11步：跨部门协作　　93

　　第12步：内外部信息化平台集成　　94

第2节　精益型供应链采购业务场景解决方案　　95

　　深入理解精益型供应链体系及其管理　　95

　　9项以协同为特点的流程设计　　100

第3节　敏捷型供应链采购业务场景解决方案　　112

　　敏捷型供应链的数字化要求　　114

　　敏捷型供应链企业数智化建设　　116

第4节　间接采购业务场景解决方案　　121

间接采购的流程规划　　　　　123

间接采购数智化的设计要点　　125

第四部分　全景案例

|第 5 章| Q 集团以数智化创新推行集团采购

第 1 节　背景与挑战　　　　　138

第 2 节　转型思路　　　　　　140

第 3 节　实施过程　　　　　　143

第 4 节　创新与收益　　　　　154

|第 6 章| 长城汽车采购数智化变革之路

第 1 节　行业专家对长城汽车数智化变革的看法　　160

第 2 节　长城汽车进行采购数智化变革的背景和

动因　　　　　　　　　　　　　　　　　162

愿景与目标　　　　　　　　　　　　　　163

面对的困难　　　　　　　　　　　　　　163

对采购数智化变革项目的具体要求　　　　166

第 3 节　项目落地方案　　　　167

第 4 节　第一阶段取得的成果　180

第 5 节　思考和期待　　　　　183

第7章 电商企业震坤行如何建设数智化采购供应链

第1节 震坤行进行采购数智化变革的背景和动因 　186
第2节 数智化供应链策略与整体规划 　188
第3节 采购数智化管理创新 　196
　　创新一　智能报价与寻源系统 　196
　　创新二　构建商家数字化生态 　198
　　创新三　数字化平台运营 　201

第五部分　展　　望

第8章 迈向数智化采购

第1节 采购中台 　206
　　企业采购组织向采购中台进化的趋势 　208
　　数智化的企业采购中台包括的内容 　209
第2节 机器人流程自动化的应用 　216
　　RPA 数字工具的自动化实践 　218
　　数智化采购平台中 RPA 数字工具展望 　227
第3节 数智化采购发展趋势 　229

第一部分 PART 1
探 究

- 第 1 章 数智化采购是一场革命

第 1 章 CHAPTER

数智化采购是一场革命

为什么说企业采购正面临着一场数智化革命?原因有二:一是数字时代已经到来;二是企业转型升级的需要。两者交互叠加,使企业数智化采购加速发展,进而对企业采购管理职能、采购人员的职业发展与转型产生革命性影响。

第 1 节 数字时代已经到来

人们社会经历了 4 次工业革命,前三次人们有普遍共识:第一次工业革命,以蒸汽机的使用为标志;第二次工业革命,以电力广泛使用为标志；第三次工业革命，以计算机及信息技术的广泛使用为标志。第四次工业革命正在到来，但在标志物上存在争议，有人说是以智能制造的工业4.0为标志，有人说是以万物互连的IoT为标志，也有人说是以生物技术为标志。无论是哪一种，大家都不可否认的是，以数字技术为基础的数字时代已经到来。

下面给本书中涉及的数字化与数智化分别下个定义。

- 数字化是以数字技术为基础，以数据为核心，以产品（服务）转型+流程重构为手段，实现企业绩效与竞争力根本性提升的一系列持续变革。
- 数智化是在数字化的基础上，以数据为核心，以产品或服务转型和流程重构为手段，与互联网、物联网深度融合，应用大数据与算法进行智能决策并执行决策，从而实现企业绩效与竞争力根本性提升的一系列持续变革。

数智化采购是数字化采购的进化版。涉及外部环境时，本书尽量统一使用数字化；涉及内部采购变革时，尽量使用数智化。因为数智化是以数字化为基础的，所以下面先来介绍一下数字化。

对企业而言，理解数字化的价值与趋势，拥抱变化，抓住转型机遇，参与数字化进程，至关重要。

1. 数字化已上升为数字经济，成为国家战略

随着全球竞争加剧，经济进入新常态，打造数字经济新优势

成为新的经济增长点。国家"十四五"规划中明确提出"**加快数字化发展，建设数字中国**""加快建设数字经济、数字社会、数字政府，以数字化转型整体驱动生产方式、生活方式和治理方式变革。"2020年9月国务院国有资产监督管理委员会（以下简称"国资委"）下发《关于加快推进国有企业数字化转型工作的通知》，这标志着我国开始积极推行国有企业数字化转型。数字化对国家来讲是战略，对国企来讲是转型，对供应商来讲是一门最具增长潜力的生意。在大势下，资本纷纷下场，推动数字经济的产业链加速发展。

2. 企业转型的需要

企业为什么要在数字化方向投入？为什么要在采购与供应链方向投入？究其本质，是因为要强化企业竞争力，即优化资源配置效率。这主要体现在两个方面——增加价值与解决问题，具体包括：我要投多少钱？投入的钱能给我带来什么收益？我能赚多少钱？能省多少钱？能帮我解决现在的什么问题？能让我更敏捷、更高效吗？能让客户与供应商更满意吗？要研究透这些问题，我们就需要站在供需关系的维度，研究企业在不同供需关系下的增值环节、关键问题与数字化投入的路径。以供需关系变化为主线，企业发展可以分为生产者王权、销售者霸权、消费者主权、供应链平权四个阶段。

第一阶段是生产者王权阶段。即供应端产能不足，市场需求旺盛。此时企业为卖方市场，不愁销路，企业核心目标就是扩大产能，增值主要体现在制造环节。为保障生产，企业积极推动MRP（即物资需求计划，对外宣称是ERP，即企业资源计划）与财务电算化。

第二阶段是销售者霸权阶段。随着生产商不断加入，行业产能过剩，制造商的话语权减弱，取而代之的是销售商的崛起。典型代表情况是线下家电业渠道巨头国美、苏宁对家电企业的强势，线上如亚马逊、京东、天猫等平台对生产企业的影响。企业内部增值环节由制造环节转向销售环节，所有部门围绕着销售转。为了管理销售，企业信息化重点放在与销售有关的系统上，如CRM（客户关系管理）系统。

第三阶段是消费者主权阶段。在该阶段，消费者通过手机连接了起来，终端渠道开始走下坡路，消费者的购买决定对企业有重大影响。粉丝经济、网红直播带货、社群化运作成为潮流。为了研究消费者的消费习惯，企业开始关注大数据、公域流量、私域会员管理、新媒体等。

第四阶段是供应链平权阶段。随着全球化与信息技术的进步，互联网平台用效率对传统行业不断进行颠覆，外部供需环境进入动荡（Volatility）、无常（Uncertainty）、复杂（Complexity）、模糊（Ambiguity）的VUCA（乌卡）时代。国际形势、战争、疫情、制裁、自然灾害，甚至国际会议在某地的召开、网红的一篇文章都会影响供需变化。在互联网与VUCA叠加下，企业面临着巨大的挑战：外部价格暴涨暴跌，销售预测越来越不准，计划执行差，交付周期长，生产柔性差，客户满意度低，库存缺货/积压。供应链上下游的协同就成了企业最大的问题。如何打通企业与企业之间的信息流、物流、资金流？企业需要用数据驱动业务的自动化，以解决复杂系统的不确定性，并满足客户快速变化的需求，达成"客户要就有，同时库存最合理"的理想目标。于是进入供应链平权阶段，即企业的增值环节为端到端的整个供应链。市场的竞争已不是一个企业与另一个企业之间的单打独斗，而是一条供应链与另一条供应链之间的竞争。企业内部供应链与研发、销售同等重要，企业外部所有的供应伙伴地位平等，大家需要协同作战。在这个阶段，采购作为供应链上游合作伙伴的管理者，对企业降本增效、敏捷协同影响巨大。打通从客户到企业再到供应商的端到端的供应链体系，实现信息共享、资源共享，才能高效敏捷、阳光化管理，于是企业开始构建采购与供应链的数字化系统。

对企业四个阶段做个总结，如下表所示。

供求阶段	企业增值环节	关键问题	数字化方向
供不应求	生产者王权	产能管理	MRP+ 财务
供求平衡	销售者霸权	销售与客户管理	CRM
供过于求	消费者主权	消费趋势分析	会员体系，ERP
VUCA 时代	供应链平权	高效协同与降本增效	采购与供应链数字化系统

3. 技术的推动

数字化技术是数字化的基础。那么，数字化技术有哪些呢？数字化技术包括 5 大核心技术——5ABCD。

- 5 即 5G，指第 5 代通信技术。由于运营商的大力推广，在 5ABCD 这几个技术中大家对 5G 的了解应该是最多的，但是在当前阶段（本书完稿时）5G 却是这几个技术中用得最少的。5G 的最大特征是传输速度极快且延迟很低。5G 是其他数字技术的底层技术，比如只有在 5G 成熟的条件下，无人驾驶才能真正让人放心。5G 的应用场景有物联网、人工智能、虚拟/增强现实、智能城市、智慧农业、无人驾驶、远程操控等。

- A 即 Artificial Intelligence（人工智能），指计算机通过技术、算法和应用来代替甚至部分超越人类实现认知、识别、分析、决策等功能。以前要人来做的工作如今已经能用机器人实现。工业革命和信息革命融合的交叉点正是人工智能。

- B 即 Blockchain（区块链），其因比特币的出现而被大众熟知。区块链是技术，比特币是它的典型应用。区块链本质是一个去中心化的共享数据库，其链上数据具有去中心化、可溯源、防伪造、公开透明、集体维护等显著特征。区块链借助共识机制确保链上信息数据的真实性，任何机构、企业、个人均无法修改或删除链上数据。因此，链上生成的是可信数据。目前典型应用场景包括区块链+信息共享（政务、医疗、征信等）、区块链+金融（供应链金融）、区块链+支付（跨境结算、电子发票）、区块链+数字资产（数字货币、数字黄金）。区块链技术是数字经济时代社会信用的基石。

- C 即 Cloud Computing（云计算），通过云用户可以按需获得所需资源、算力和服务。云计算具有分布式、超大规模、虚拟化、高可靠性、通用性、高可扩展性、按需服务、成本极低等特点。将应用部署到云端后，可以不必再关注那些令人头疼的硬件和软件问题，因为硬件、算力都是共享的，企业可以低成本获取专业服务。

- D 即 Big Data（大数据），主要指人们对海量数据的挖掘、分析和运用。比如互联网企业通过对浏览记录、消费记录、交往记录、行动轨迹等各种用户行为数据进行分析、预测，就可以帮助企业进行精准营销、风险管控，企业可以获取所需决策支持，以辅助其进行产品设计，提升整体效率。

云计算强调的是计算，数据则是计算的对象。如果将大数据比作宝藏，那么云计算就是挖掘和利用宝藏的利器。

除 5ABCD 外，还有必要专门介绍一下 IoT（Internet of Things，物联网）。IoT 是对互联网的延伸和扩展，其通过射频识别、红外感应器、全球定位系统、激光扫描器等信息传感设备，按约定的协议，把实物与互联网相连接，进行信息交换和通信，以实现对物品的智能化识别、定位、跟踪、监控和管理。通过 IoT，在任何时间、任何地点均可实现人、机、物的互联互通。这为智能制造、敏捷型供应链的实现提供了技术支持。

5ABCD 之间互相促进、耦合创新，软件供应商也不断用各种方法满足不同客户的需求，最典型的是 SaaS（Software as a Service，软件即服务）。SaaS 平台供应商将应用软件统一部署在自己的服务器上，客户可以根据实际工作需求，通过互联网向 SaaS 平台供应商订购所需的应用软件服务，按订购服务的多少和时间长短向 SaaS 平台供应商支付费用，并通过互联网获得 SaaS 平台供应商提供的服务。对客户而言，通过 SaaS 不需要购买任何硬件，无须再配备 IT 专业技术人员，只需要付出相对低廉的月费或年费，就能及时获得最新解决方案。对数字化要求不高的中小企业而言，SaaS 是一个不错的选择。当然，SaaS 因为缺乏定制性，加之对数据安全的顾虑，一些大企业会选择本地部署。

4. 疫情等突发事件的催熟

2020 年的新冠疫情催熟了数字化，加速了企业数字化的进程。疫情期间，电话会议系统、远程教学系统、外卖系统需求火爆，数字化的场景无处不在。每次发生突发事件，企业都需要快速了解该事件对供应链的影响，比如：某个地区封闭了，会影响哪些产品的供给，哪个地区的供应商可以作为备用；某个大宗原材料价格上涨，这个价格会如何传递到现有系统中，对成本与利润的实时影响如何，商家应该如何对此进行分析与预判……要了解这些问题，都需要数字化系统提供数据。外部环境越是动荡、无常、复杂、模糊，越需要依据数字化系统中的数据自动化来解决复杂系统的不确定性。

总之，数字经济在国家倡导、资本推动、企业需求、技术可行、VUCA 挑战下，已经具备天时、地利、人和各种优势，在采购与供应链职能领域发起一场革命势在必行。

第 2 节 采购管理变革

随着 VUCA 时代的到来,企业进入供应链平权阶段,供应链成为企业的核心竞争力。而采购作为供应链上游资源的管理者,对企业降本增效、敏捷协同影响巨大。当企业认识到采购管理的重要价值,向采购要利润、要供应优势时,采购变革已经开启。数智化既是采购变革的强有力支持,也是推动企业业务模式、商业模式变革的力量。采购人员须看清趋势,尽早做好职业升级与转型的准备。

采购范围扩权:从小采购的交易操作到大采购的集成管理

企业外部竞争加剧、利润率微薄,倒逼企业重视采购的作用与价值:生产型企业 60% 以上的钱是经采购部门花出的,采购省下的都是净利润。采购成本每降低 1%,企业的利润率将增长 5%~10%。采购往往又是企业管理最粗放的部门,存在着很大的提升空间与降本潜力。同时采购还是企业与供应商资源之间的桥梁与纽带,对供应链的效率与质量影响巨大。

那么什么是采购呢?采购是以各种方法优选并获取外部资源,以满足企业经营与战略需要的一种商业行为。根据采购的定义可知,要想做好采购,首先必须对外部资源进行界定,即确定采购管理的范围,这也是上采购数字化系统必须考虑的,即明确采购数字化体系需要覆盖哪些部分。

按购买的物资是否交付给客户,采购可以分为直接采购与间接采购。直接采购即 BOM(物资清单,指组成产品的原料与零部件)采购或成品采购(如电商),其采购的物资最后交付给客户。间接采购获得的最终物资不交付给客户,这种采购是为了支持企业运作而进行的物资或服务采购。直接采购的界定比较清晰,而间接采购的范围在不同企业中有可能不相同。直接采购与间接采购的组合可以分成以下四个阶段。

第一阶段,采购只负责生产物资 BOM 采购,其他物资由各职能部门自行采购,目的是保障产品质量。

第二阶段采购负责生产物资与 MRO(维护、修理、运营)的采购,目的也是保障生产进度。第一和第二阶段的采购均面向生产,故称为小采购。此时大量的采购业务未被企业统管起来,由需求单位自行购买、自行验收,这就会导致缺乏监督、易出现腐败等问题,也因缺乏专业采购手段,所以价格过高。所以企业应在合适的时机,将采购范围扩大到第三阶段——全品类覆盖。

第三阶段的采购称为大采购。全品类覆盖,即从企业总支出中扣除付给员工的薪资(给内部员工的)、税收(给国家的),剩下的支出项都应属于采购的范围,包括基建采购、IT 采购、行政采购、市场采购(包括业务拓展)、公关采购、服务采购等,诸如食堂、绿化、培训等都是采购管理的范围。在第三阶段,采购部门为了科学管理,需要对采购具体品类进行定义,分类建立相应的采购管理策略,这也是上采购数字化系统前必须准备的策略方案。

下表所示为某大型互联网公司的采购分类。

一级分类	二级分类	分类明细	
IT采购	IT资产采购	IT类固定资产	服务器网站等专用设备、员工用电脑、IT部门管理的公用设备、各类电脑软件等
	IT物品采购	IT类低值易耗品	投影幕布、电脑配件、网络配件、服务器配件等
	IT服务采购	IT类其他实物	通信服务 电话服务、互联网接入服务、非营销类短信服务等
			主机托管服务 机架租赁服务、带宽/专线服务、邮箱租用服务、网络增值服务等
			网站维护服务 设备维护服务、设备租赁服务等
			其他服务 软件服务、续保、弱电装修等
	技术人员外包采购	技术开发/测试人员在岗外包	
行政采购	行政资产采购	办公设备、家具、交通工具及行政固定资产 沙发、桌椅、健身器材、电器、热水器、空调等	
	行政工程装修采购	办公室装修	
	行政物品采购	办公用品及耗材 办公文具、录音笔、电池等	
		制作类采购 印刷品制作、礼品制作等	
	行政工程改造采购	办公室改造及维修	

第1章 数智化采购是一场革命

采购大类	子类	细分	示例
服务费用类采购	普通行政采购	外包行政服务	搬家服务、仓储物流、绿化及花木租赁、设备维修、工程维修、快递（邮递物流）、保洁、员工餐厅、财产保险等
		会议/旅游/活动组织或外包	会议策划、会议搭建、会务场地、交通用车、大型活动
		旅游服务	
		物业租赁	房租、物业管理费、水电费等
		酒店及机票	票费、酒店住宿费
服务费用类采购	市场采购	媒体投放	电视广告、广播广告、网络广告等；报纸广告、杂志广告等；楼宇广告、路牌广告、车身广告等
		市场活动	展会组织或外包、展具采购、展台搭建、临时人员配备；活动组织或品牌战略新闻发布会、赞助活动、客户见面会、培训会、客户讨论会活动等；活动或策划促销人员的报酬等
		设计制作	物资制作；广告设计、物资设计、视频设计等；策划服务、活动策划外包等
服务费用类采购	公关采购	媒体投放	电视广告；报纸广告、杂志广告等；网络广告
		活动	新闻发布会；赞助活动
		设计制作	软文撰写
		劳务	支付媒体记者的差旅、住宿、餐饮、差旅补助等
			短信及其他

（续）

一级分类	二级分类		分类明细
服务费用类采购	认证采购	认证服务	
	招聘采购	直接招聘	委托猎头公司招聘
	专业采购	人事外包业务	咨询业务 人力资源顾问咨询服务、审计服务、管理咨询服务等 法务采购 诉讼服务（律师、诉讼、仲裁、知识产权）、公司设立（商标、域名、专利、版权）、公司设立/变更服务（公司设立/变更费用、代理费用、公证服务、法律法规数据库采购）、报告编制费用等
	培训采购	内部培训	长期教育 公开课培训 高校学生培训、会员培训、本行证书培训等
	其他服务采购	团队建设/员工活动组织或外包	员工福利采购 商业医疗保险等

第四阶段是更高级别的采购形式,除全品类采购外,还有意识地从供应商处获得技能或其他价值,从而构建品牌、产品或供应链竞争优势。在这个阶段,可能不花钱就会获得企业发展所需的资源。如整合供应商的专业能力,早期邀请有专业能力的供应商参与研发,这样可以帮助企业在市场竞争中获得竞争优势;整合供应商管理能力,与企业形成很强的互补性;整合供应商的渠道、设备、员工,通过共享避免重复建设,甚至通过供应商的行业情报、价格信息帮助企业快速成长。这时需要用数字化系统和供应商进行连接,不断进行资源共享、管理共建、价值挖掘、信息集成,未来这方面的采购会是一座巨大的金矿。

采购 4 个阶段的汇总说明如下表所示。

阶 段	采购范围	目 的
第一阶段	BOM(直接采购)	保障产品质量
第二阶段	BOM+MRO(部分为间接采购)	保障生产进度
第三阶段	BOM+MRO+ 间接全品类	全品类,合规降本
第四阶段	BOM+MRO+ 间接全品类 + 外部资源(能力/技术、情报等)	增值

企业对采购价值的要求在不断提高

随着规模发展壮大与竞争不断加剧,企业对采购价值的要求形成了 4 个层级。

(1)目标是保证供应。此时的企业处于初创期,面临供应资源不足、缺乏有效管理的困境,所以企业最关心的就是按时到货，以保障生产。

（2）目标是获得最优价格。在资源供应得到基本满足后，企业会发现自己有些物资买贵了，花了冤枉钱。为赢得竞争优势，此时企业需要和竞争对手比价格，确保自己以最优价格拿到物资。

（3）目标是总成本最优。过分追求最低价格可能引发质量下降、供应商关系恶化等诸多问题，最终可能导致总成本上升。在这个层次下，企业从全生命周期管理的角度对总成本进行分析优化，从而真正降低成本。这让企业从成本管控中心升级为利润中心，进而可以采用多种方法实现降本增效。

（4）目标是与供应链伙伴共同创造价值、实现多赢。采购部门管理着企业最重要的外部资源——合作伙伴，通过采购部门可充分发挥供应链伙伴的专业优势，这样在实现高效协同的同时可以创造更多价值，进而实现多赢。这个阶段可以打造可持续发展的生态系统，奠定企业未来的竞争优势。

采购部门要根据市场竞争策略，制定相应的采购策略，充分挖掘采购价值，支撑企业获得竞争优势。下面以竞争最为激烈的国内某通信企业为例，对上述4个层级进行详细分析。

2007年该企业生产的产品采用的是贴牌模式，干的是苦力活，毛利低，处于红海竞争环境。那时的市场以供应链成本为王，采购应对策略为成本导向，频繁更换供方，保供应。

2011年该企业制定了新的战略——通过技术领先优势进入

蓝海市场。那时的市场要求供应链产品上市要快，他们将采购策略调整为阳光采购、价值采购，对供方分层分级管理，技术选型主流汇聚。

2012年老产品上量，新产品上市，市场要求供应链交付快、技术领先，该企业的采购策略升级为早期介入、联合开发、品类管理、战略合作。

2013年至2017年，产销量继续攀高，单机销量达到千万台，该企业市场策略转为双品牌齐头并进，人无我有、人有我优，要求供应链交付柔性、持续降本，采购策略转为深度协同、洞察产业链、管理二级供应商。

2019年遭遇国外打压，2020年又逢疫情，该企业市场策略是"活着是硬道理，发展中求生存"，所以出售了子品牌。采购策略调整为国产化推进，协助供应商提升能力，管控质量，合理布局国内外资源网络，构建健康供应链生态圈，做好风险预警与管控。

下页图所示为该企业采购策略的调整汇总示意。

该企业创始人说："打造一条打不烂、拖不垮的钢铁供应链，才是在市场上屹立不倒的制胜密码！"而采购策略的及时调整、采购价值的实现，都离不开数字化采购系统的支撑。

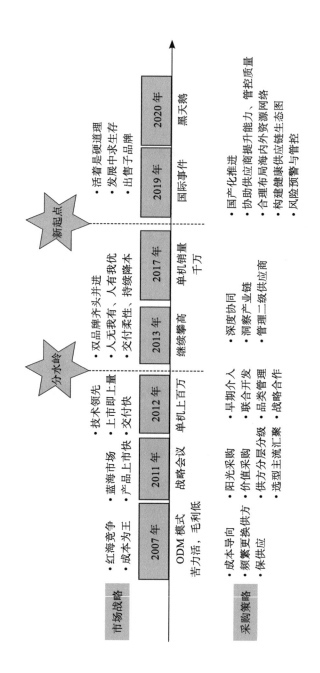

采购管理体系不断进化

如何构建有竞争力的采购管理体系？首先要对采购管理架构进行梳理。简单来说，采购管理指依据公司战略与目标，对采购业务进行策划、控制、改进。具体而言，包括制定采购战略，确定部门目标；依据战略目标，梳理并优化业务流程；根据业务流程设置组织架构；根据组织架构建立专业采购团队；最后用信息技术、工具对上述过程进行固化，并在实践中不断优化改进。整个过程的示意如下图所示。

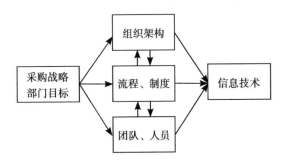

依据企业采购管理成熟度的不同，可以将企业采购管理升级路线分为 4 个阶段，我们可以形象地称之为采购 4.0 体系，如下页图所示。关于采购 4.0 体系，如果读者需要详细了解，可参见《采购 4.0》一书。

采购 1.0 模式主要应用于企业采购原始阶段，这个阶段供应商数量少，采购部门人少活多，经常出现断供问题，采购部门的核心任务是保证供应，采购管理主要依靠人。

采购2.0模式是建立以管控为主、阳光化采购为特征的法治型采购。这个阶段的工作重点放在建章立制、集中采购、招标采购、采与购分离、电子采购等方面，企业开始重视信息化建设，如下图所示。

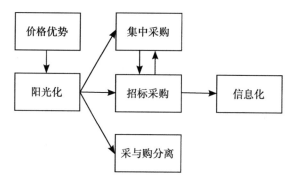

央企的采购管理在国资委的推动下，通过方向引导、案例推荐、考核设计、全面推进等措施，目前已基本完成集团集中采购、招标采购体系的构建工作，电商化采购平台的建设也有较大

进展。这不仅推动了央企、国企的采购管理升级,也起到了巨大的社会示范作用,带动了上下游企业的采购管理发展。

采购 3.0 模式下,推行战略采购,以跨部门协同为特色,持续降本。其抓手是品类管理、供应商规划、标通化、VE/VA(价值工程与价值分析)、团队行动学习等,如下图所示。

采购 3.0 实施路径图

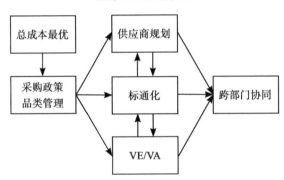

采购 4.0 模式则进入价值采购阶段,这个阶段强化供应链协作,以创造价值、可持续发展为目标,其抓手为供应链规划、协同、辅导支持,以及物流/信息流优化、供应商参与、采购组织升级、持续创新等。

采购 4.0 实施路径图

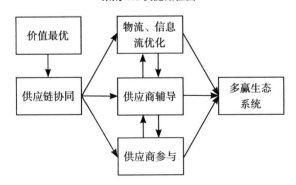

为更容易让读者理解，下面通过发展阶段、采购系统、需求驱动、关键主体与关键行为这 5 个要素对 4 个采购阶段进行汇总与对比，如下表所示。

发展阶段	采购系统	需求驱动	关键主体	关键行为
采购 1.0 供应采购	业务层	保证供应	采购员 人治型	保证供应、优化流程、防腐败、强化考核，升级 2.0
采购 2.0 阳光化采购	管理层	价格优势	系统 法治型	建章立制、集中采购、招标采购、采与购分离、电子采购，升级 3.0
采购 3.0 战略采购	跨部门协同层	成本最优	跨部门	品类管理、供应商分类、标通化、VE/VA、团队行动学习，升级 4.0
采购 4.0 价值采购	供应链协作层	创造价值 可持续发展	跨企业	供应链规划、协同、辅导支持、供应商参与、采购组织升级，持续创新

从采购 2.0 开始，企业的每次采购管理升级，都要求有数字化系统的数据支持、决策支持与运营优化。

第 3 节　数智化时代采购人的职业转型

随着企业数智化采购的推行，企业采购业务变革进程加速，采购人正面临着前所未有的重大挑战，采购形态、工具、职能正在悄然改变，部门和员工的技能结构也随之转变。

两个典型的案例

在数智化时代,首先要思考哪些采购职能会被人工智能替代,哪些很难被替代。从人工智能需要数据与模型的角度考虑,创造性的工作是未来不易被替代的,情感链接的部分,如与供应商设立愿景、信任与激情、跨部门的沟通协调等,也很难被人工智能替代。为了更好地说明这个问题,我们举两个真实的企业案例。

案例一 某汽车集团 X 公司有约 22 万名员工。该公司推行集中采购,且除了生产性物资外,低值易耗物资也已经实现了全集团集采。负责低值易耗物资采购的采购某部,集中了全集团汇总的采购需求,然后进行比价采购。由于总金额达到 20 多亿元,日均请购单据达到 6000～8000 份,工作量巨大,所以采购部门迅速扩大,招聘了近 80 个采购员。调研发现,每个采购员每天有 1.5 小时在通过电话、邮件反馈需求部门的诉求,其中问题"东西买回来没有?我们等着用"排名第一。每个采购员每天有 1 小时在跟供应商催货,其中问题"东西送到没有,什么时候到?"排名第一。该部门每天有 200 个工时(即 25 个人·天)在催货和被催货,采购员们抱怨人手不够,加班多,工作压力大。

这些工作,如果上一套采购商城,内部客户直接上商城购买,供应商收到信息即送货,客户还可以即时评价,就可以大幅度降低采购人员的工作量,提升采购效率,客户的满意度也会增加。上了采购商城后,该公司的采购人员预计至少 80% 会被替代,那么什么岗位不会被替代呢?答案是商城的搭建与运营人员、商品的分析与规则制定人员、供应商的关系管理人员、问题分析与解决人员、新采购模式升级的探索人员。由此可以得出这样的结论：这些人员的工作是对企业真正有价值的。

案例二　某大型房地产 Y 公司以开发精装修房为主，花洒、台盆、马桶、地板等用户看得见的装修建材以甲供方式为主。他们通过约束建材品牌的方式来保障装修的品质。集团在全国同时开发的楼盘有几百个，每个楼盘就是一个项目，为了保证进度和质量，集团为每个项目成立了一家项目公司，各项目公司单独考核，单独核算。

采购人员对花洒品类产品的价格做的供应市场调查如下表所示。

渠　道	价格/元
在某知名 2C 自营电商平台上个人购买	499
某物业公司，在某企业电商平台上以公司协议价购买	475
某装饰装潢公司（300 多人的规模），从经销商处批量采购	420
某拥有一级建造资质的建筑公司（年营收 30 多亿元的规模），大批量招标采购	350

Y 公司采购部有降本增效的指标与任务，如何以量换价并实现各方满意，运作轻便？采购部做出如下决定。

（1）设立采购电子商城系统，对花洒、台盆、马桶、地板等用户看得见的装修建材进行集团集中采购，以集团的量加上生态伙伴预估量进行招标，确定品牌供应商为战略供应商，集采价格为 260 元/个。

（2）将企业采购商城向生态伙伴开放，将采购量进一步放大。生态伙伴包括合作的小开发商、合作的建筑商、合作的装饰装潢公司、合作的物业公司和合作的酒店。生态伙伴的采购价格是 300 元 / 个。合作伙伴因为体量小、议价能力弱，所以自己采购的价格在 420～475 元，300 元对他们来说已经非常便宜了。

（3）合作伙伴直接采购，直接与供应商结算。40 元的差价中，10 元归供应商，30 元以返利的形式返给 Y 公司的采购部。为此，Y 公司还成立了一家电子商务公司，专门用于接收返利。

在 Y 公司应用企业采购商城的第 3 年，返利收入超过了 2 亿元，采购公司拿了 3000 多万元出来给采购部门发放年终奖金，这是对采购业务创新的奖励。

Y 公司的案例告诉我们，采购人员应该主动拥抱数智化采购，它是采购人员的好朋友，可以帮助采购实现更大的价值，使采购部真正通过创新创造价值并赢得尊重。

采购人员必须完成的 3 个转变

在 VUCA 时代，企业要随着外部环境的变化而敏捷协同，积极推进数智化，这既是趋势，也是一场变革。但这种基于数智化的变革，也意味着一些岗位的消失与重组。采购人员要认清趋势，转变心态，做好职业升级与转型的准备。总体来说，要完成如下 3 个转变。

1. 顺势而为，拥抱变化，主动变革

2018 年有一则新闻：

ETC 的出现让车主实现便捷出行，却让大量的高速公路收费

员下岗。河北省唐山市取消了各个路桥收费站的人工收费。一位36岁的女收费员下岗后再就业困难，因为不会其他技能。

数智化对企业而言是一场变革，也是趋势。所以企业必然要进行数智化。当时代抛弃你时，是不会和你打招呼的，就像这位女收费员一样。由此可知，采购的从业者要认清趋势，顺势而为，拥抱变化。

很多企业的采购人员每天忙于事务性工作：供应商信息录入、价格信息录入、订单录入、发货单录入、催货、处理邮件、跑审批、对账……工作很忙。这种"响应式采购""救火式采购"的被动响应极容易陷入需求方体验不佳、采购部门费力不讨好的尴尬境地。又因采购部门是花钱的敏感部门，会被各种审计与监管，采购人员很难获得成就感与尊重。在数智化的时代，这样的人手型工作将会被替代，而心脑型工作则很难被替代。

那么作为采购人员，在数智化时代应如何做呢？笔者认为首先应更早介入项目。通过数字化的采购平台，采购部门更早介入项目，可以预先定商、定品、定价，把商品数字化、目录化，以"有图有真相，所见即所得"的方式向需求方呈现，主动向需求方提供专业的服务。采购部门在需求阶段早期介入，还可更精准地把握需求和采购方案，更充分地展现采购人员的服务职能。这将极大地提升需求方的体验，让他们有种被服务的感觉。同时采购人员可以全盘掌握采购流程及节奏，这会让他们有更多时间来思考如何进行采购业务的革新。

其次是站在老板的角度、供应链的高度做采购，这是对采购人员尤其是采购部管理者的新要求。具体来说就是打破传统思维模式，从战略、业务、运营、发展的角度主动推动变革，把握趋势，解放人手。

2. 向价值采购与创新转变

数智化时代，企业应借助新技术、新工具重构与优化采购流程，低成本地实现采购流程标准化，快速连接外部供应资源；应构建企业与供应商之间交互协作的采购数字化平台，实现信息流和物流、资源流的协同，促使事务性工作尽快以自动化方式完成，让采购效率显著提升。数智化采购将为采购部门智能推荐最优供应商和签约价格。在采购执行中，供应商可实时掌握订单、发运、收款状态，并进行自动结算对账，与采购部门形成高效在线协同。同时，AI智能将帮助企业前瞻性了解供应商绩效和风险管理，帮助采购部门有效评估和管控供应商。采购数智化实现了采购业务数据的可追溯、可审计、可分析、可预警。企业与供应商的互联互通，保障了采购的高效益与合规性。大数据技术将帮助企业进行支出分析、预测采购需求，并为管理者提供采购决策支撑。

采购人员的事务性工作被机器替代，并不代表采购人员就失业了，他们应该向更有价值、不易被数智化替代的工作转型。采购人员应关注战略采购、物资品类管理、采购寻源策略、供应商全生命周期管理、需求早期介入等高附加值的工作，考虑采购数字化运营岗位与商业模式创新岗位。

综上，采购人员要摆脱执行者的角色，转变成从业务视角、数据视角及管理视角深入企业经营，为企业降本增效、创造竞争优势提供支撑的角色。

3. 不断提升学习能力

采购这个职业被数智化革命的过程，是守旧者的"危"，学习与转型者的"机"。科技的迅猛发展带来行业的多变，有人在迷茫困惑，有人在乘风破浪。竞争越来越激烈、要求越来越高的客观现状提醒我们，唯有不断学习，才能适应发展。在采购工作中，一方面，采购人员要与不同类型的供应商打交道，需要领导力；另一方面，采购人员要与需求方、财务人员等多方人员协调，需要沟通能力；采购人员要不断进行寻源与业务创新，就需要创新力；采购人员要让数智化为我所用，就要掌握最新的数智化技术与运营能力。这要求采购人员终身学习，不断创新，勇于挑战，知行合一。

当今世界，充斥着各种变化和不确定，各行各业都面临着巨大挑战。企业采购发展至今，我们已经切身体会到了方方面面的改变，但归根结底都少不了人的参与和决策。如何提高服务质量，如何创新整个采购供应链，还需要我们去探索和尝试。而由于企业采购活动的复杂性及专业性，当前许多的采购环节还得不到成熟的技术支持，还要依赖采购人的专业知识和技能。中国的数字化采购道路也才刚刚开始，数智化采购仍任重道远。采购人员唯有在变化中不断进步，在转型中寻求突破，才能手握利器，发挥不可替代的作用，不被时代淘汰。我们唯有以主动、敏捷、洞察及预见来顺应这个时代的变化，才能成为企业采购的转型实践者和价值创造者。

第二部分 | PART

架 构

- 第 2 章　数智化采购 4.0
- 第 3 章　企业如何实施数智化采购

| 第 2 章 | CHAPTER

数智化采购 4.0

你的企业现在处在数智化采购的哪个阶段?下个阶段会是什么?只有充分了解自己的企业,知道自己企业的现状,才能有的放矢,采取正确的数智化转型方案。

本章将重点回答以下问题:

- 采购的发展路径是什么?
- 如何进行企业数智化采购能力评估?
- 数智化采购系统要解决哪些问题?

第 1 节　数智化采购 4.0 模型

我们结合企业采购发展状况,从信息化水平与实施主体两个维度,设计并提出企业数智化采购发展路径,将数智化采购分为 4 个阶段,我们称之为数智化采购 4.0。

数智化采购 1.0 阶段 = 人工 + 线下采购

在创业初期,企业关注市场业务,采购人员工作量庞大,要线下完成从采购申请到下单、跟单、对账的全过程。采购人员常用 Excel 进行数据统计。此时采购部门的数据为信息孤岛形式,无法及时汇总有价值的数据并形成决策支撑,企业也很难对采购部门进行有效监管。我们将这个阶段的采购称为数智化采购 1.0 阶段。数智化采购 1.0 = 人工 + 线下采购。数智化采购 1.0 的行为主体是采购人员,这个阶段是信息化的原始阶段,这里不做过多介绍。

数智化采购 2.0 阶段 = 信息化 + 采购

进入发展期后,企业出于管控需求和业务财务规范化需求,开始上线 ERP 等系统。采购管理进入信息化阶段,此时的企业进入数智化采购 2.0 阶段。采购信息化的本质是线下业务线上化,其业务逻辑是优化现有业务流程,实现业务数据化,实现信息共享,提高工作效率,优化资源配置,支撑分析决策,并通过对采购业务流程的固化,记录业务事件、追溯业务过程,形成对采购业务的监控。

采购信息化的目的在于管控，要对数据进行及时抓取。尤其是集团型企业，随着业务的发展，它们开始着力于解决下属公司因需求分散、信息不畅、资源不共享而导致的重复采购、重复储备、操作不规范、过程不透明、人为干扰多等普遍性问题。只有通过信息化手段将下属公司的采购信息线上化，才能推进集团化采购。单体公司建立起了一套完整的规范化采购体系，但往往由于企业内部强大的惯性，一段时间后又会慢慢"还原"为原来的工作模式。为了不让变革倒退回去，企业在这个时候就希望通过一套软件来固化采购流程，提高采购操作效率，这样也有利于追溯、监管和审计。采购场景固化得越好，实现线上化越容易，所以在企业数智化过程中，采购需求审批系统、采购订单系统及招投标系统一般都是优先上线的。

采购信息化并未改变采购业务的逻辑，只是将业务操作从线下搬到了线上，通过信息化手段把优化后的业务流程进行固化、自动化，并提供业务决策支持。 受益部门往往并不是采购部门，而是财务与管理部门。其信息化往往由 IT 部门主导，包括信息技术选型。业务部门往往是信息化选型后接受调研的部门。受限于企业认知水平与信息化规划能力，"重功能、轻数据"现象普遍存在，加之各职能部门分别建设自己的信息系统，直接导致数据重复生成，形成信息孤岛。

数智化采购 3.0 阶段 = 数字化 + 采购

信息化是将线下业务搬到线上，实现流程自动化，并记录执行过的交易、支付过的发票、购买过的物品以及签署过的合同。

上过 ERP 系统的采购伙伴一定有这样的感觉：采购操作相当烦琐，用户体验相当不好。采购人员没有感觉到 ERP 系统对自己的工作有帮助。而数字化是以信息化技术为基础，以产品或服务转型和流程重构为手段，以实现企业绩效与竞争力提升为根本目的的一系列持续变革。也就是说数字化改变了采购业务，重构了采购流程，甚至创新了商业模式。这就是数智化采购 3.0 阶段。在数智化采购 3.0 阶段，数据是企业发展和运营的核心，端到端的连接得到进一步强化。

采购全链路数字化以后，企业和企业之间、企业和人之间、人和人之间的关系都发生了很大的变化。

（1）优化流程，全员在线。数智化采购 3.0 对采购场景、业务场景的全过程、全链路进行了落实。在传统采购及信息化时代，企业采购和供应商之间、采购部门和需求部门之间的在线协同更多是通过人工方式（邮件、电话、传真等）实现的。在数智化采购 3.0 阶段，采购人员与供应商、第三方的互动方式得到了改变，所有的互动都通过一个全新的协作平台来完成。企业通过互联网、人工智能、大数据等技术将采购流程搬到线上，重塑采购流程，实现数字化、自动化，并通过商品的可视化、目录化，为需求部门提供"有图有真相"的采购服务体验。

（2）内外互联，高效协同。在数字化采购时代，互联网、大数据、云计算等技术得到充分发挥，传统模式中的信息壁垒被打破。在企业内部，无缝集成 ERP、OA、财务等系统，使采购部门、需求部门、财务部门多方在线协同；对外快速连接供应商和电商平台，并集成电子发票、电子合同、物流等第三方应用。采供双方实时在线、信息对等、高效协同，从供应商准入到结算对账都可以在线自动实现。这种内外互联的高效联动，大幅缩短了采购周期，提升了采购效率。

（3）融汇数据，智能洞察。与传统的手工记录及数智化采购2.0阶段只将采购活动的结果进行数字化相比，3.0阶段是将所有的采购场景、采购品类、采购过程数字化，并通过数据的沉淀和分析的方式，形成供应商评估、采购需求分析、支出预测等事前智能洞察机制，为企业采购管理者做决策提供有效依据，提高采购合规和风险管控水平。

（4）业务转型，专注运营。数字化采购工具几乎消灭了事务性工作，采购人员变成一个运营者。在数智化采购3.0阶段，可对数据、商品、采购需求、供应商发货进行集成，实现对账实时化，这样可以使采购人员的工作效率大大提升，同时节省内部客户与供应商的时间并提高其体验。

数智化采购4.0阶段 = 智能化 + 采购

所谓的数智化其实就是数字化 + 智能化。智能化的基础是大数据、智能算法和云计算。智能化可以为企业带来多重价值，包括提高效率、降低成本、改善用户体验、实现定制、做出智能决策和提出全新的价值主张等，核心逻辑是让人工智能代替人，这就是数智化采购4.0阶段的典型特点。数智化采购4.0阶段代表着采购管理的无限可能。

数智化采购4.0有如下3个价值。

（1）由业务转型到智慧决策。在数字化技术不断推动企业采购发展的过程中，计算、算法和以深度学习为代表的人工智能将得到进一步应用，采购行为越来越智能化、智慧化。数智化采购通过 AI 并利用大数据技术来分析需求方的基本特征、浏览行为、交易等数据，进而做出采购偏好决策。如果说数字化是企业采购的"工具"，那么智慧化更像是企业采购的"大脑"。

（2）让"按需采购"成为可能。大数据平台的个性化分析使得"按需采购"成为可能，同时让智能化仓库管理和精准营销在企业落地，这可以帮助企业提前做好采购计划和安排。数智化采购 4.0 就是用技术赋予企业采购更多智慧，让采购更懂你。可以说，智慧化将会在企业采购的业务流程、管理方式、业务模式等方面产生"质变"。

（3）更智能的决策及全新的价值主张。智慧化将服务延伸到物，通过智慧化，系统可提供人与物、物与物之间信息互通互联的智能化服务，并基于大数据分析和智能洞察，实现更智能的决策及全新的价值主张。智慧化将帮你决策什么产品放在首页、上架哪些产品更能满足大众需求，在这个过程中人是不需要参与的。

数智化采购 4.0 呈现出如下 4 个特征。

（1）智能预测。智慧化能够在企业已有信息的基础之上进行智能创造、知识挖掘，可对企业业务决策、日常管理等提供支持，可形成自组织、自学习、自进化的企业管理体制。基于对历史数据的分析和判断，可以预测需求、订单量、支出等，从而得到更为精准的业务预测数据。

（2）**智能定价**。智慧化的定商、定品、定价，让采购行为更科学合理。比如，通过智慧化，可以基于寻源历史数据分析供应商表现；基于大数据可以进行智能化商品分类，从多维度评估商品特征和价值；基于统计学习和决策树可以进行动态定价，实现客户为先、供需协同及可持续的最优价格策略。

（3）**智慧运营**。在采购数字化的基础上，智慧化能让企业以更智慧的方式运营，让整个采购过程可追溯、可审计、可分析、可预警。从智慧化定商、定品、定价开始，存储和感知外部信息，对信息进行分析、计算、比较、判断、联想、决策，并通过学习和自适应能力迎合环境变化，让采购活动各环节自运营，以最优的方式满足企业采购要求。

（4）**智能风控**。数智化采购4.0将基于数据建模、模式识别等风险控制技术实现采购监督全流程透明化。从管理、业务到操作，从内部分析到外部报告，从需求到订单再到支付，"多视角、多维度、多形式"对采购行为进行风险管控，并从供应商、需求方、财务等多方着手，提供智能数据分析手段，实现有效合理管控，及时预警订单的风险级别。这样不仅可以降低风险，还可以提供更为安全可靠的用户体验。

综上所述，可以将企业数智化采购发展路径汇总为下图所示形式。

第 2 章 数智化采购 4.0

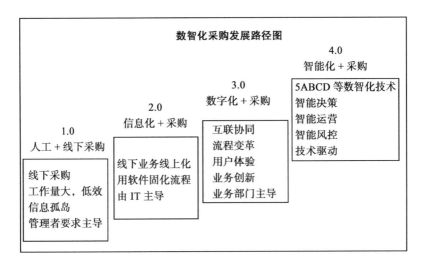

信息化、数字化和智能化之间的界限并非泾渭分明,后者是在前者基础上进行的迭代,信息化是基础,数字化是进化,而智能化则是高级阶段。随着技术的突破,采购路径会有无限可能。

你的企业数智化采购现在处于哪个阶段呢?

第 2 节 企业数智化采购转型准备

大多数读者学完前一节后都会被数智化采购的前景所激励,忍不住想立刻投入到数智化的大潮中。但回到企业现实,采购毕竟只是若干业务当中的一个环节,笔者在企业咨询中遇到的场景往往是下面这样的。

采购经理:老板,我们今年准备上一套数智化采购系统。您有时间的话我向您汇报一下详细的设想。

老板：别和我汇报设想，我听不懂。你只要告诉我，上完这套系统之后我们的收益是什么，能省多少钱，能赚多少钱，我要投入多少钱，这套系统能用多久。之前的信息化系统不能继续用了吗？

遇到这样的老板，你得先承认老板说得有道理。企业不是为了上系统而上系统，数智化采购也不是门面。很多看似高大上的概念很可能是数智化供应商出于营销目的造出来的，企业上数智化采购系统前必须清楚自己当前的采购现状，然后梳理自己的需求。这样可以提高上数智化系统的成功率。

采购数智化能力现状评估

企业内部的信息化现状、组织能力、物资标准化水平，都是影响采购数智化发展空间的因素，在实施采购数智化时要充分评估这些因素对实施效果的影响，合理规划目标，切勿理想化。

我们将采购数智化能力评估分解为7个方向：信息化环境、组织职能、物资及分类、专业能力规划、标准化能力、供应商管理、数智化项目组织实施能力，每个能力方向又分为多个具体的能力项目，我们将目前的能力水平分为低、中、高三等。**同步推进相应能力水平，有利于提高采购数智化项目的成功率。**

企业采购数智化能力评估参考如下表所示。

第2章 数智化采购4.0

序号	能力方向	能力项目	能力水平（低）	能力水平（中）	能力水平（高）
1	信息化环境	ERP	没有实施	各分/子公司实施的ERP分散，不统一	统一实施的ERP体系
		WMS	没有实施	在ERP内实现部分管理功能	实施较完善的库存管理系统
		BPM	手工审批	实施OA管理	建立内部流程驱动工作机制
		BI	手工数据核算	基于信息化系统进行报表展现	构建专门的BI分析系统
2	组织职能	集团职能	较弱的领导职能	建立集中采购中心或招标中心	可以充分实施集中采购、战略采购，共享采购中心职能，并对下属分/子公司采购具有完善的监管能力
		间采职能	分散在各个职能部门	有明确的归口管理	有专门且集中的间采管理组织
		供应商管理职能	和采购职能在一起	有单独的供应商管理职能部门	建立集中管理供应商战略关系的组织
		采购责权范围	各分/子公司采购授权范围不清晰，自行行使权力	逐步建立对一些品类的集中管理体系	构建清晰的分工授权机制
		内部职能规划	各部门之间的管理职能未充分设计、规划	部分物资采购职能清晰化	构建内部职能规划能力，不断优化、改善内部职能设计
		内部审批	简单的领导归口管理	清晰的内部分级审批设计	智能化、自动化设计规则，减少审批层级的同时，在进行风控

(续)

序号	能力方向	能力项目	能力水平（低）	能力水平（中）	能力水平（高）
3	物资及分类	物资库	各个公司分散管理	存在统一的物资库，但没有维护机制	建立物资标准化组织、清洗物资，实时进行物资增加控制和管理
		采购分类	各个公司杂乱不统一	构建了统一的分类标准	具备持续完善、优化的管理能力
		集采物资管控	未实施集采	建立了集采物资制度	不断优化，扩大采集物资的管控能力
		电商物资	分散使用，未集中要求	建立商城的采购方式	可以不断优化分类、标准化物资、集约化电商采购物资
4	专业能力规划	专家资源	缺乏规划	建立内部专业力量，效能发挥不充分	建立社会资源和内部资源相结合的专家机制，对专家的表现进行管理，可以发挥专业效能
		评标规范	自由、随意	建立评标的原则	建立科学的评标规则，并确保有效执行，统一
		物资标准化	描述不可识别	建立物资描述规则，进行有效描述	建立图形、原厂家、贸易商、图号、用途等多维度的物资画像
		归档规范	较少的关键文档	有制度要求，无法确保落实	明确每个业务的归档要求，并有能力落实到每个业务中
5	标准化能力	各种工作模板	缺乏规范	形成标准资料	确保各个模板的正常使用，实现作业效率自动化提升
		合同规范	缺乏规范	建立部分合同规范	建立各种协议的规范，并确保协议被使用
		寻源要素规范	谈判要素过于简单	为主要物资设计寻源要素的要求	建立所有品类的寻源要素规范，并持续优化提供数据分析基础

		能力	准入标准较为粗放	有明确的标准流程	有明确的能力要求，并确保落实
6	供应商管理	供应商指标能力	考核以主观为主	构建主要考核指标	建立非常完善的分类供应商考核指标并实现数据计算、汇总、汇报，可科学、及时提报指标数据关于职能规则
		供应商绩效考核	按年度执行考核	为主要供应建立现场评审、技术考核、绩效考核机制	对供应商进行分类供应绩效管理，按月、季、半年、年进行滚动绩效管控，采用供应商现场抽查、辅导、培训等多种方式培养供应商能力
7	数智化项目组织实施能力	方向规划能力	没有对应的组织人员	有专门的归口人员	可以结合企业供应链战略、内部关键骨干意见、外部专家、持续性规划采购数字化的发展
		决策能力	缺乏决策配合，决策容易出现不考虑全面的情况	形成跨部门的合作决策	形成科学的评议分析机制，可拆分决策关系
		需求管理能力	缺乏需求梳理能力，以供应商功能实现为主	可以做流程规划或关键要素梳理	可以全方位、多角度提出需求
		外部IT厂商管理协调能力	缺乏主流信息化厂商的配合	可协调、可管理	可组织跨公司的信息化团队进行方案规划

（续）

序号	能力方向	能力项目	能力水平（低）	能力水平（中）	能力水平（高）
7	数智化项目组织实施能力	项目管控能力	缺乏管理方法和手段	可执行计划管控	可识别风险，可调动跨部门资源进行全面计划管理、执行管理
		社会资源整合能力	未开发利用	依赖信息化服务厂商	可主动开发并利用社会资源，可将社会资源补充到供应链能力当中
		供应商协作配合推动能力	部分供应商很难配合	可要求供应商进行协作	可进行供应商关系管理，可与供应商共同分析和改善协作能力
		内部项目实施推动能力	内部单位项目推行阻力重重	依靠领导要求，项目负责人的个体能力推进	构建内部绩效考核，内控闸口实现常态化使用
		智能化需求设计能力	未考虑规划	实现部分流程或功能的自动化	进行供应链能力的创新规划和构建，数据能力驱动供应链发展能力，构建业务模型驱动供应链发展能力

数智化采购系统要解决的 12 个问题

结合咨询项目,我们列出数智化采购系统必须解决的 12 个问题,供大家做需求澄清时参考。

问 题	可能的解决方案
客户价值:会给客户带来哪些价值与更好的体验?	
运营效率提升:哪些流程变革会使运营效率提升?	
降本增效:哪些工具与方式能够降本增效?	
合规性:流程中哪些不合规操作会减少?	
风险管理:哪些风险可以预防?	
新的模式与机会:有哪些新的盈利点?	
信息孤岛打通:哪些数据可以打通?	
智能决策:哪些由规则自动驱动(如订单自动分配)?	
员工赋能:员工在流程中会获得哪些成长?	
促进合作:如何让供方更有意愿合作?	
最新趋势:有哪些案例可以借鉴?	
投入:如何提高投入产出比?	

数智化采购是一个长期且系统的工程,面临的挑战来自方方面面:从新技术的驾驭到采购业务创新,从组织变革到领导力建设,从数字化能力建设到人才培养。但未来已来,未来属于拥抱变化的企业,属于勇于变革的采购人!

第 3 章 | CHAPTER

企业如何实施数智化采购

企业推行数智化采购,要全面考虑,开始时就要做好顶层架构,设计好完整路线。在推行过程中,要尽量做到稳妥,切勿冒进。本章将重点介绍企业实施数智化采购的 8 个步骤和 7 个关键点。

第 1 节 数智化采购实施的 8 个步骤

我们总结了数智化采购实施必然要经过的 8 个步骤,按照这 8 个步骤落地数智化,可提升项目的成功率。其中前 4 个步骤的目的是帮我们站在未来角度看现在，站在高维洞察机会；后 4 个步骤是向深做，用专业保障方案实施的效果。

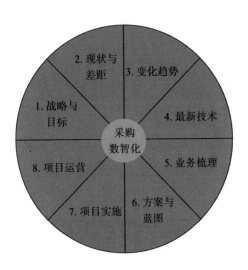

第 1 步 制定数智化采购的战略与目标。

经历疫情大考后，很多企业已将数智化上升为决定企业未来的一项战略。如何利用数智化采购实现企业降本增效、敏捷响应，获得竞争优势？企业需要制定清晰的数智化采购战略与目标。一方面，数智化采购的战略要与企业战略、供应链战略相对接并形成支撑。另一方面，企业的数智化采购规划要为实现采购管理绩效保驾护航。也就是说，数智化采购要上接战略、下接绩效。

某企业依据企业战略、企业对采购绩效的要求，围绕数字化转型战略，突出合规降本和有序交付，在与相关部门充分协商讨论的前提下，不仅确定了"十四五"期间的发展规划，还对数智化采购的总体目标、年度目标进行了量化分解。这种做法值得借鉴。

2021年，重点目标为平台数字化升级、制度体系细化完善、仓储智能化试点推进、物资主数据清理工作启动。

2022年，探索采购数据建模，建立智能预警体系，接入×家电商平台，建立50+战略供方库，着力构建数字化团队。

2023年，将人工智能应用于招投标，建立招采在线监督管理系统，建立采购人员胜任素质评估体系，实现更高水平的供方关系管理。

2024年，掌控供应链优质资源，形成可复制、可推广的模式，推动平台社会化和产业化。

2025年，基于区域、行业提供"平台＋生态"智慧供应链整体解决方案。

第2步　盘点企业信息化现状与最佳实践之间的差距。

明确了战略规划与目标之后，要对企业信息化现状做盘点。企业数字化要想打通信息孤岛，就要对目前的信息化系统分布、端到端的流程、信息化集成程度、已实现的功能、缺失的功能进行盘点，并绘制出企业信息化现状图。

盘点内部现状后，就要向外看，包括行业的竞争对手在数字化建设上取得了哪些进展，有哪些是值得我们学习与借鉴的，行业之外有哪些最佳实践，我们与最佳实践相比还有哪些差距，等

第 3 章 企业如何实施数智化采购

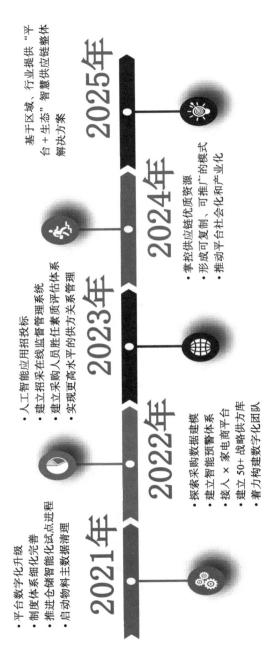

数智化采购（2021—2025 年）规划设计与实施目标

2021 年
- 平台数字化升级
- 制度体系细化完善
- 推进仓储智能化试点进程
- 启动物料主数据清理

2022 年
- 探索采购数据建模
- 建立智能预警体系
- 接入 x 家电商平台
- 建立 50+ 战略供方库
- 着力构建数字化团队

2023 年
- 人工智能应用招投标
- 建立招采在线监督管理系统
- 建立采购人员胜任素质评估体系
- 实现更高水平的供方关系管理

2024 年
- 掌控供应链优质资源
- 形成可复制、可推广的模式
- 推动平台社会化和产业化

2025 年
- 基于区域、行业提供"平台+生态"智慧供应链整体解决方案等。这个阶段要对业界里的标杆企业进行走访与考察，听取标杆企业的心得、经验与教训，找到我们与最佳实践之间的差距。

第3步　洞察外部趋势变化。

洞察外部趋势变化，顺势布局，这是企业推行数智化采购最容易忽视的步骤。缺失了"洞察外部趋势变化"这一环节，容易造成系统刚上线就过时等问题，还要重复投入。现在不少所谓的"二期工程""技改工程"均是缺乏洞察的返工之作。所以数智化采购规划要立足当下，洞察未来，适当超前，要为趋势发展留有余地。比如说，由于外部环境多变，未来一定要加强供应链上下游之间的协同，充分考虑绿色供应链与碳排放的趋势，加强企业内部的信息化与互联网、物联网的融合度，要充分理解企业对数智化的关注点会向外部、商业、数据、运营、用户体验转变，要充分认识到移动端的应用会反超 PC 端的趋势。

第4步　了解前沿技术与应用。

当下有哪些前沿数字化技术？这些数字化技术在数智化采购中有哪些应用场景？这是推行数智化采购的企业要补的一课。技术创新对释放价值、提高效率，甚至对商业模式创新都具有直接的推动作用。在前沿数字化技术中，5G 成为其他数字技术的底层技术；人工智能成为智能制造、智慧供应链的大脑；区块链技术是数字经济时代信用的基石；通过大数据技术对海量数据进行挖掘、分析和运用，可以实现精准预测与风险预防；云计算让企业可以低成本获取专业服务；通过 IoT 可实现万物互联，在任何时间、任何地点，均可实现人、机、物的互联互通，这为智能制造、敏捷型供应链的实现提供了技术支持；SaaS 让我们不需要购买硬件，无须配备 IT 专业人员，以相对低廉的月费或年费就可获得最新解决方案。如果能够前瞻性地将这些前沿技术应用在我们的数智化采购系统中，就会使数智化采购系统更阳光、高效、敏捷，进而使我们的企业保持行业领先。

第 5 步 基于采购场景的业务梳理。

很多企业的数智化采购之所以没能取得预想的效果，可能不是技术的原因，也不是对数智化重视度不足，而是缺乏对采购业务场景的深入梳理。企业的采购业务场景是相当复杂的，如果试图用一套流程解决所有采购业务场景的问题，就会出现各种不对症的新问题。企业的形态有集团公司与单体公司之分，物资采购又分为直接采购（所采购的物资会交付给客户）与间接采购（企业自己使用），直接采购又会涉及可预测的精益型供应链与不容易预测的敏捷型供应链，同一大类型当中不同子类型也有不同的特点，这些特点需要以品类为颗粒度进行场景化流程订制处理。这些用一套流程都是无法有效应对的。我们将在第 4 章对基于采购场景的业务模式进行深入梳理。

第 6 步 设计蓝图与实施方案，包括合作方的选择方案、技术实现方案。

在设计数智化采购实施方案时，企业需要重点关注下面这 4 个方面。

- **组织架构**：企业要成立数智化采购转型管理小组对实施工作进行统筹管理，如定义面向数智化采购的组织结构和工作方式，识别数字人才缺口，建设数字人才梯队；同时企业也需要根据数智化规划，进行内部组织结构的调整和优化。

- **核心资产**：分析数智化的关键差距，包括数据资产、技术资产等方面的差距，然后制定缩小差距的具体方案。
- **生态系统**：企业应挖掘潜在合作机会并识别合适的数智化伙伴，积极发展数智化采购方向的技术资源、市场资源，借助生态系统推动数智化。
- **落地规划**：企业需要明确定义各个关键举措的落地计划及阶段目标，进行项目风险识别并做出相应预案，最后还要对蓝图与实施方案进行评审。

第7步　项目上线实施。

项目实施阶段，要成立项目领导小组，要配备合格的项目经理，以完成项目启动会、项目章程梳理、需求调研、方案设计与评审、系统功能与接口开发、全方位测试、人员培训、项目初始化、试运营、宣传造势等工作。

下图是某家电企业推行数智化采购项目时的实施日程。

该企业在系统上线时组织了12次项目周例会、5场专项需求调研会、8场方案专项讨论与评审会、约15次的接口梳理及讨论会、5次运营培训（面向运营用户）、3轮数据收集与整理研

讨会，并实施了超过 15 天的系统全方位测试。2019 年 12 月 31 日完成上线各阶段准备工作，从 2020 年 1 月 1 日开始进入试运营阶段，试运营只是全面探索采购数智化的起步。

第 8 步 实施后的系统运营。

项目上线，就像买回来了一辆新车，但车怎么开、怎么保养、怎么发挥其作用，更应值得我们关心，我们把实施后的应用称之为项目运营。项目运营的目标是"用起来"。运营架构包括业务运营、平台运维、规则管理。业务运营的主体对象是平台使用方，运营的内容包括定商、定品、定价、平台主数据。平台运维主要的实施者是平台管理员，平台管理员是提供客户服务的唯一接口，负责技术对接、规则制定等。业务支持方的工作对象包括业务规则、物资编码、业务支持等，如下页图所示。

在运营过程中，除了推动层的政策支持外，要创造真正的价值还需要构建一个由各领域专家组成的跨职能团队，团队中要包括如下几类人。

- **品类专家**：他们能够提供行业采购经验和管理策略方向。
- **IT 专家**：他们了解如何将多个系统结合在一起并制定出有针对性的解决方案，然后将该方案落地到公司现有的 IT 基础设施中。
- **系统设计专家**：他们擅长提供有吸引力的用户体验，使用户愿意使用企业提供的工具，而不是排斥它们。

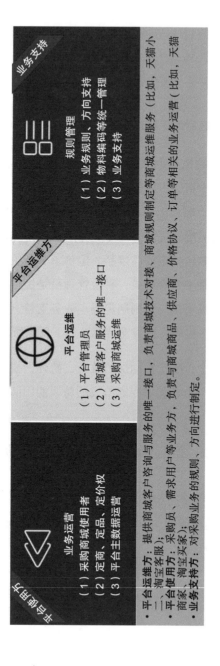

企业高层、供应链部门、信息部门、监管部门、专家团队、核心用户、供应伙伴等组织和人员的协同是数智化采购在企业内部获得顺利推行和有效应用的关键。

第 2 节　企业推行数智化采购的 7 个关键点

一些企业在数智化转型上投入了巨大的资金、人力、物力，并进行了轰轰烈烈的宣传造势，但最后使用效果却不尽人意。有企业董事长曾这样形容他们自己的数智化转型：我们家花大价钱买了一辆名贵的车，然后全员推着走。

数智化过程中出现的隐患其实大多数是在推行过程中种下的。我们结合自己的实际经验和服务过的多家企业的数智化转型过程，分析得出企业数智化采购推行的 7 个关键点，可以帮助企业科学转型，少走弯路。

关键点 1：谁来主导

我们的答案是采购部门主导，IT 部门参与并提供技术支持。数智化采购 = 采购 + 数智化，首先是采购业务的转型与升级，这是核心目的；数智化只是手段，为实现采购业务逻辑提供支撑。如果是采购部门主导，会倾向于用数智化实现采购业务的战略与价值，解决采购业务当中的难点。而 IT 部门则会倾向于 IT 技术的稳定性、安全性。在数智化采购系统选型方面，IT 部门会倾向于昂贵的国际大牌供应商，服务器都是本地化部署，问其原因，IT 部门的回答是"数据安全"。本地化部署之后，真的就等于数据安全了吗？投入这么大的硬件成本，换来一个心理上的安全，真的有必要吗？

采购部门想解决业务问题，而IT部门则要考虑技术可行性，两个部门之间很容易产生矛盾。IT部门抱怨采购部门不懂技术，提不出可行的方案；采购部门抱怨IT部门不懂业务，开发慢，系统不好用。这两个部门应该打破部门壁垒，采购部门应作为主导部门，把握整体需求，从采购供应链发展的角度给出供应链管理规划要求，进行供应商寻源与市场行情调研，协调供应商进行技术方案交流与用户考察，甚至参与用户需求说明书的起草。而IT部门应主动理解业务场景，提供前沿IT技术解决方案，以更好地赋能业务功能、业务场景和业务目标。有一些企业甚至在采购部门中设置IT小组，将这个问题在组织层面做了集成解决。

关键点2：需求梳理

要进行数智化采购落地，编写高质量的"数智化采购需求说明书"是项目成功的关键。企业在编写"数智化采购需求说明书"时，如以IT部门为主导，则往往会因为IT部门不了解采购的管理要求，导致功能和流程过于简单或不实用；若以采购部门为主导，则往往因为采购部门缺乏信息化知识，导致需求不能准确表达，如以软件厂商的功能说明书为模板，将所购软件的功能转换为需求，这种做法完全脱离了自身实际需求，本末倒置。

如何正确编写"数智化采购需求说明书"呢？

（1）成立内部专业需求分析小组进行业务梳理，或者对市场供应商进行调研,寻找那些有专业深度、有持续优化能力的供应商,让它们帮助企业进行需求规划设计。

(2)在规划需求过程中,应先做顶层设计,考虑供应链的战略路径、品类管理策略、采购特征、内部信息化系统的定位,确定数智化采购预期目标。

(3)切勿采用功能堆砌的方式进行需求描述,好的业务分析是根据品类策略设计多种作业方式,来为不同特征的业务提供支撑。对业务作业模式进行准确描述,有利于企业清楚地知道未来数智化采购系统可以支持哪些场景,自己应帮助优化或解决哪些问题。

(4)作业流程设计时,可以不用照搬现有流程或做法,要考虑通过数智化系统的应用来改善、提高、优化业务流程,提高内外部协作效率,可以与专业的供应商进行交流探讨,来优化自己的设计。

(5)要充分分析自身供应链特征和矛盾点、管理特征、采购业务特征,针对特殊业务场景充分展示和暴露实际需求,避免在后续项目实施的过程中在实施范围方面产生纠纷和矛盾。

(6)进行新的作业模式设计时,需和内部监管部门、审计部门充分交流,获得内部认可,这样在进行内控变革和制度变革时可以得到内部的支持。

(7)在规划过程中,切勿好高骛远,把所有问题都一揽子规划进来,建议分析实际问题,明确改善顺序,避免因贪大求全、战线过长导致项目实施失败。

（8）在规划过程中，要充分考虑试点部门、实施范围，在信息化条件、管理条件好的部门先进行业务试点，获取一定成果后再进行全面推广，要考虑不同部门间需求的差异，不要盲目划定实施范围。有效控制边界是成功的保证。

需求说明书包括以下结构：项目建设背景及需求、采购特点分析、采购管理系统探讨、采购管理系统调研对比、项目建设可行性分析、项目实施的方案内容及规划、风险分析、项目可行性研究结论等。某企业在推行数智化采购时做的"数智化采购需求说明书"的目录如下所示。

```
一、项目建设背景及需求 ·················································· 3
    （一）项目建设背景 ·················································· 3
        1. 经济发展不容乐观，需要创新发展 ······················· 3
        2. 公司高层对采购管理工作的新要求 ······················· 3
        3. 公司成立采购总部并寄予厚望 ···························· 3
    （二）项目现状及需求 ·················································· 4
二、间接材料采购特点分析 ················································ 5
三、间接材料采购管理系统探讨 ·········································· 6
    （一）修改现有 ERP，实现间接材料采购审批管理 ··········· 6
        1. 现有 ERP 流程分析 ············································ 6
        2. 修改现有 ERP，实现间接材料采购审批管理 ············ 7
        3. 分析及结论 ······················································ 7
    （二）引进采购系统 ··················································· 8
        1. 采购系统 ························································· 8
        2. 分析及结论 ······················································ 8
    （三）采购管理系统 ··················································· 8
        1. 采购管理系统介绍 ············································· 8
        2. ERP 与 SRM 的关系 ··········································· 9
        3. 采购管理系统市场情况 ······································· 9
```

- 4. 采购管理系统的主要框架 ······ 10
- 5. 采购管理系统主要功能模块内容 ······ 11
- 6. 分析及结论 ······ 12
- 四、直接材料采购系统增加模块的需求分析 ······ 12
  - （一）公司 ERP 采购管理系统现状 ······ 12
  - （二）公司直接材料采购管理存在的问题 ······ 13
  - （三）直接材料采购管理系统需增加的模块 ······ 13
  - （四）直接材料采购系统需要解决的几个问题 ······ 14
  - （五）分析及结论 ······ 15
- 五、采购管理系统调研对比 ······ 15
- 六、项目建设可行性分析 ······ 16
  - （一）经济可行性 ······ 16
  - （二）技术可行性 ······ 16
  - （三）研发能力可行性 ······ 16
- 七、项目实施的方案内容及规划 ······ 17
  - （一）项目实施内容 ······ 17
    - 1. 项目实施目标 ······ 17
    - 2. 项目实施内容 ······ 17
  - （二）项目主要建设组织模式 ······ 18
  - （三）项目实施推进思路 ······ 19
    - 1. 按采购组织逐步推进 ······ 19
    - 2. 系统功能主次分步推进 ······ 19
    - 3. 集中采购与分散采购责权明确稳步推进 ······ 20
    - 4. 直接材料上系统（二期开发）······ 20
  - （四）项目技术关键 ······ 20
  - （五）项目推进时间计划 ······ 20
  - （六）项目建设涉及的主要部门 ······ 21
- 八、项目效益分析 ······ 22
  - （一）分析思路 ······ 22
  - （二）项目投入费用 ······ 22
  - （三）项目收益 ······ 23
- 九、风险分析 ······ 23
- 十、项目可行性研究结论 ······ 23

关键点3：预算评估

企业实施数智化，往往需要提报预算，项目发起人往往喜欢在没有理清自身需求时就要求供应商报价。急于了解价格容易使最终报价和实际预算产生巨大偏离。

建议按照以下顺序评估预算。

（1）初步定义内部需求。

（2）与供应商交流，选择一两家专业的供应商参与需求规划设计或培训指导。

（3）参考供应商的经验重新设计、修正需求。

（4）内部评估项目效果和目标。

（5）基于需求框架，请供应商进行预算评估。

（6）结合项目目标、需求、预算、预期管理效益和成本效益，撰写内部审批立项报告。

关键点4：其他系统衔接

数智化采购系统一般需要衔接其他信息化系统，一个完整的信息化系统应对OA（Office Automation，办公自动化）、ERP（Enterprise Resource Planning，企业资源计划）、MRP（Material Requirement Planning，物资需求计划）、MES（Manufacturing Execution System，制造执行系统）等系统进行整合。

OA 主要用于流程审批，方便各部门进行业务交叉审批，大部分企业领导都会经常用 OA，所以 OA 和数智化采购系统的关系是：

- 非生产性物资采购需求立项有可能来自 OA，这类需求可作为采购的依据。
- 数智化采购系统涉及的审批要求需要推给 OA，方便领导一站审批。

ERP 是企业信息化系统的主干，和数智化采购系统的业务衔接最为广泛，一般情况如下表所示。

	ERP	数智化采购系统
物资主数据	一般在 ERP 中进行管理，也有企业单独构建主数据管理系统进行管理	从 ERP 获取
供应商数据	管理发生交易的供应商资料	管理所有供应商的信息
需求计划	一般在 ERP 中完成计划平衡，生成采购净计划	从 ERP 获取；非 ERP 来源需求可能是：非生产性采购、新料采购、库管物资补货等需求
价格目录	数智化采购系统完成的定价结果数据写回 ERP	可以管理更为复杂的价格策略，如阶梯价、替代、虚拟、成本明细等
订单	在采购需求、价格目录实施良好的企业中，订单生成可以设置由 ERP 完成	可以对订单进行优化，但需要和 ERP 进行数据协同
到货数据	一般在 ERP 中管理，也有企业通过 WMS（Warehouse Management System，仓库管理系统）管理	一般非仓库管理物资的到货管理在数智化采购系统中完成

(续)

	ERP	数智化采购系统
质检数据	一般在 ERP 中管理，质检结果提交给采购系统	没有质量管理的企业，可以在数智化采购系统内完成质检
发票对账数据	在数智化采购系统中进行业务处理，然后提交给 ERP 进行发票挂账和付款申请	可以结合电子发票等技术方式进行自动化业务处理

MES 主要为制造生产部门提供实际的生产需求、生产消耗数据，数智化采购系统可以利用这些数据推动供应商交货、供应商 VMI（Vendor Managed Inventory，合作性策略模式）管理。

每个系统各有各的侧重点，所以采购人员不要期望 ERP 能实现采购管理的所有期望。要去评估各个系统之间的定位关系，要评估各个系统的投入产出比。若在 ERP 的基础上进行二次开发，开发费用相当惊人，还会牵一发而动全身，需要跨部门沟通，所以不断地去开发 ERP 是有很大难度的，正因为如此，很多企业才延伸出加强 SRM（Supplier Relationship Management，供应商关系管理）管理内容的需求。

另外，采购人员若想做好采购管理，在自己的 SRM 上做修改和开发，也有助于不断提高供应链管理精细程度。

关键点 5：数智化供应商的选择

现在市面上数智化采购系统服务商很多，从背景来看可以分为平台类服务商和解决方案服务商。

第 3 章 企业如何实施数智化采购

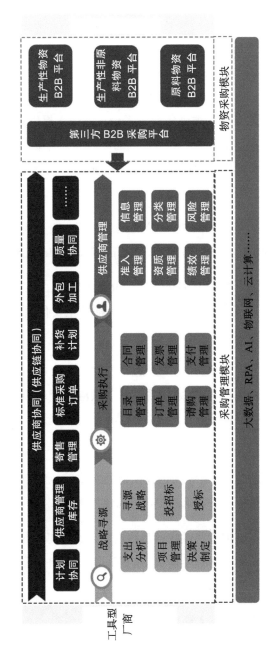

平台类服务商包括非生产性物资平台类服务商，如 MRO（Maintenance、Repair、Operation，维护、维修、运行）电商平台类企业；以辅料为主的生产性物资平台类服务商；大宗原材料平台类服务商，这类服务商的平台一般用于提供商品价格资源、物流服务、金融服务，其所提供的数智化采购服务基本都是以延伸平台业务发展和渗透为目的的，一般不具有持续供应链优化服务的特征。

解决方案服务商 SRM 分为以下 3 类。服务延伸至供应链管理系统的供应商被称为 SCM（Supply Chain Management）。

（1）ERP 延伸扩展出来的 SRM，如 SAP-ariba、鼎捷、汉得。汉得虽不是 ERP 原厂，但是其前期主要代理 SAP ERP，后自己开发了 SRM。

（2）专业 SRM，如一采通、携客云、元速、快维等。这类 SRM 通常采购专业能力较强，对于供应链管理颇有心得，熟悉各种供应链场景问题，适合参加早期的需求规划。

（3）以招标为主延伸出来的 SRM，如优质采、明信阳光、企企通等。这类 SRM 的招标系统通常比较成熟，侧重于以招代管，有招投标业务需求的企业可以使用。

我们可以把这些供应商都约过来，了解其基本信息、成立背景以及目前拥有的标准模块功能等，并说明自己公司的现状、问题及上系统的目的。

这个阶段以下 4 件事情可以做起来。

（1）从采购人员的角度把系统全流程操作问一遍（展示一遍）。

（2）明确内部需求（可以请专业能力强的人进行指导）。

（3）进一步明确内部需求并要求报价。

（4）成功案例考察。

在这个阶段有几个注意点：明确说明自己的生产类型、公司类型并要求对方提供相应背景的成功案例。注意，供应商通常会选择可以提供一条龙服务的客户作为案例，这样做一是供应商必然和案例客户有交情；二是显得自己有实力；三是在自己的掌握范围。我们作为考察者，一定要有自己的要求。

那么到底如何考察数字化供应商的成功案例？笔者认为应该重点考察以下几点。

- 供应商是否有全套系统，这套系统是否是供应商自己实施的。
- 我们可以选择与自己公司管理特征相似度高的企业的案例进行考察，不能完全听从供应商的安排。
- 要考虑案例与自己的生产类型、管理相似度是否匹配，案例客户所使用的模块是否具有代表性，是否是自己想了解的模块，还要了解案例客户对接其他接口的能力。

下面我们看3个案例。

案例1 某乳品企业，管理偏向于集团统谈统签分采，特殊的物资由指定部门完成采购。集团总部的设计部门、技术部门等都有采购职能，这些部门主要负责复杂供应商的开发和选定，订单由各分/子公司的采购人员去执行，无专门的采购部门。

案例2　某企业（生产汽车底盘的厂商）的订单在MES中完成，然后传输到SRM，供应商借助SRM更多是为了使用送货单及条码信息，最后SRM成为一套送货跟踪和条码管理系统。该企业管理偏向是JIT（Just In Time，准时制生成方式），更多关注生产状况及到货及时情况，虽说整体流程由总部负责，但各工厂以MES为主，自己购买相关物资。

案例3　某企业（分/子公司生产汽车零部件）目前不用ERP，主要借助SRM来进行线上竞价招标。该企业采用总部及各分/子公司的采购部门并存的管理形式，只是将设备及钢材单独拿出来成立了供应链管理公司，其他都是各个分/子公司自己购买，互不干涉。

上述3个案例涉及的企业差异都很大，那么不同情况的企业，在考察时有什么需要共同注意的呢？笔者总结了如下需要重点关注的问题。

- 被考察的企业，其集团类型与自己的企业是否相似？是否多元化？
- 被考察的企业与自己企业的管理理念是否相同？比如对方是否做采购管理？是否兼顾具体采购工作？
- 在用供应商以及信息化平台搭建模式方面，对方是否与自己的设计思想相同？

由上可知，和供应商进行业务方面的沟通尤为重要，可以要求实施方提供多个客户案例进行考察交流，来了解不同业务场景下的案例应用水平。如果供应商提供的考察案例地域比较分散，可以以交流会的方式，要求供应商对各种场景的处理方法进行讲解。

考察的目的在于了解其他企业已经达成的效果、实施期间遇到的难点问题、供应商的持续服务能力、远期发展能力，然后对比自身的需求，确定对方所用服务是否能满足自己的预期目标，自己的企业是否能进行相应的优化调整。考察结束后，可以针对考察过程中不确定的业务、场景和供应商提供的解决方法，进一步和供应商进行补充交流。

关键点6：商务谈判/招标避雷

数字化项目在谈判过程中一定要注意以下几点。

（1）**搞清楚费用构成**。解决方案服务商的收费一般由实施费、软件费、维护费三部分构成，而 SaaS 服务商的收费一般采用年费制。无论采用哪种服务商，在商务谈判过程中，都要对其收费结构进行了解，对比5年以上的总成本费用。如果企业需要的是持续供应链深化需求的服务，一般建议首选解决方案服务商；如果企业希望尝试使用或针对非敏感业务在工具层面进行尝试，可以考虑 SaaS 服务商。另外还要注意，尽量将软件费用和实施费用分开，一般情况下这两部分费用应开具不同的发票。

（2）**明确用户数及用户权限单价**。很多软件的费用和用户数有关，随着公司规模的扩大，很有可能会产生后续费用。所以前期明确未来可能的用户数量是非常关键的，前期明确用户权限单位，有利于控制后期费用。

（3）**明确现状调研的范围**。实施费用中会有一部分用于现状调研，现状调研的目的是了解群体的范围、人数、所处地点等，这些均会影响总费用。

（4）**明确定制开发费用单价**。很多信息化项目在实施过程中都会增加一些定制性的开发需求；在项目结束后，随着公司的发展与变化，原来的信息化项目有可能会出现新的需求，或者因原来业务发生变化而出现需求变更，这时就需要进行其他定制化开发。此时已经与某供应商合作开发了前期的系统，为了增加的需求进行定制开发而更换供应商肯定是弊大于利的，所以在商务谈判时需要明确定制开发费用的单价，即每人每天多少元，这样可以把成本控制在合理范围内。

（5）**明确后续年度维护费用**。在信息化项目结束后，软件要一直在企业中运转，这就会涉及软件的日常维护。有的公司设立了强有力的信息部门，软件的日常维护可以自己搞定。但更多的公司没有实力自己完成该部分工作，仍然需要服务外包，因为这部分费用每年都要产生，累计下来也是一笔不小的开支，所以在谈判时一定要明确。

（6）**明确付款节点**。信息化项目在采购之初，要和使用部门、技术部门一起商议出合理的项目里程碑，付款节点与项目里程碑挂钩，以此确保乙方的配合度。

（7）**明确关联软件接口**。很少有公司能够通过一套软件包打天下，很多情况下都是多套专业管理软件并存，要想打通软件之间的联系，就必然离不开接口。要想明确接口涉及的费用，就一定要把接口问题提前讲明白。如果公司有统一认证、单点登录的计划，最好将该部分实施费用也包含在接口费用中。

综上，我们可以得出以下 3 个商务谈判/招标要点。

（1）**不选最好的，只选最适合的**。有很多听上去非常高大上的软件服务商，他们拥有严密的管理逻辑、环环相扣的实施方案、一个又一个堪称典范的成功案例，但适合你吗？管理软件和企业的管理水平息息相关，选择什么软件一定要和本公司的管理现状相结合。选择软件时，通常会有两个落地形式——调整管理去适应软件和调整软件去适应管理。买双漂亮但不舒服的舞鞋，还是买双不太好看但舒服的运动鞋？这是企业首先要想明白的。

（2）**典型案例要去实地考察**。采购时，很多软件供应商会提供成功案例，对于成功案例一定要去实地考察，很有可能你看中的企业正憋了一肚子的火无处发泄。进行实地考察时不要只坐在办公室里听汇报，应找机会看一下他们的软件实际应用界面，找基层操作人员聊一聊软件的适用性，问一问他们项目上马的根本原因，了解一下实施过程中遇到的问题，摸清楚该软件在该企业的实际应用情况。最后，将上述问题逐一对应到自己的公司，评估一下哪些问题可以避免，哪些问题是硬伤，据此做出合理的判断。

（3）**选对项目经理**。信息化项目首先是一个项目，所以实施时如何进行项目管理是一个需要重点考虑的点，乙方项目经理的人选尤为重要。一个项目的成败，很大程度上取决于项目经理的协调沟通能力、项目管控能力及专业技术能力。

关键点 7：项目实施控制

前面说得再热闹，那也都是方法论，只有落地实施了，那才是真正做到了。为了确保项目的顺利实施，采购人员要注意以下几点。

（1）**控制项目实施范围**。信息化项目在实施过程中经常会出现越做越大，需求越来越多的情况，这时采购人员一定要出来充当把大家叫醒的恶人。时刻提醒实施人员，项目一开始的期许是什么，哪些需求不在项目实施范围内。

（2）**控制项目功能的效果边界**。一个软件实现某种功能有很多方法，没有必要追求极致的完美，也没必要保证每个软件使用者都满意，满足 80% 使用者的基础操作需求就已经很好了。而且软件实施会涉及管理理念的转变，面对新鲜事物，有质疑和不适应很正常。追求完美，必然会造成定制开发过度的情况，采购人员一定要合理控制项目功能的效果边界。

（3）**控制项目实施进度**。在每个里程碑节点上要严格把关，严格执行进度跟踪计划，甲乙双方核心人员均需在里程碑报告上签字，否则很容易引起纠纷。

（4）**降低内部推进阻力**。在 IT 方面，需要专业人员配合的，要进行前置沟通，提前协调好第三方系统接口资源，做好人员安排并准备好相关费用，IT 部门应提供专人参与配合；内部法务、内控方面，要与相关人员进行制度沟通，构建系统运行后的电子采购运行制度，明确规定线上运行的步骤和方法，并且获得内控部门的认可；分/子公司方面，确保相关领导给予重视，并且要求相关领导务必实现线上审核，对关键节点设置闸口，例如合同、订单审批务必全部线上作业，对系统的应用要求可以设置为考核指标；理念宣传方面，可以邀请跨部门人员共同参加培训、调研，以便大家对项目目标形成共识。

（5）**同步采购体系管理标准化**。对内部管理标准进行梳理，分项明确采购管理体系的各项标准化规范，并落实到系统设置里面。

（6）**严谨的流程验证**。系统上线前，采购核心人员、IT 部门成员、ERP 相关负责人、SRM 实施方，应共同制定流程和数据的验证方案，所有模拟验证要采用实际数据进行演练，跟踪各个环节的数据正确性，只有所有系统的数据都正确，项目才可以正式上线。

（7）**集中培训、分级指导**。项目建设期，可以集中各个公司的关键用户进行业务培训，关键用户可以作为早期项目的使用者。关键用户同时是各个分/子公司项目的支持者，他们的支持可保证项目在各个分/子公司顺利开展。

（8）**迭代优化，归口需求管理**。项目正式运行以后，各个公司提出的运行问题应用细节，需要统一收集并归口，也就是各个公司或部门提报后，统一进行需求分析，之后统一进行需求设计完善，得到的结果再作为正式改善需求提交给实施方。可以以季度为单位，按一季度一批次的频率对项目进行迭代完善。分散提报需求容易产生需求矛盾，也容易导致提报的需求不符合项目目标和内部制度。

（9）**统一运营、持续规划**。系统正式运营以后，也会出现各种异常，需要在集团内设立专门的运营岗位，来负责处理人员变化、角色变化和其他数据，处理各种运营问题。同时，建议企业设置一个规划职能，该职能人员不断总结运营问题、运营效果、缺失的管理场景，为数智化采购系统提出长期发展规划，不断深化发展数智化采购系统的应用深度，不断实现业务创新、流程创新、管理创新，持续优化企业供应链。

第三部分 | PART

业务规划

- 第4章 基于采购业务场景的整体规划

第 4 章 CHAPTER

基于采购业务场景的整体规划

为什么一些企业在采购数智化上投入巨大,却没有取得应有的成果?不同行业、不同品类的特点决定了数智化解决方案的多样性,没有依据不同采购业务场景来设计对应的解决方案是出现上述问题的主要原因之一。本章讨论如何梳理不同的采购业务场景,从而帮助大家设计出有针对性的采购数智化解决方案。

从采购的范围与不同供应链形式的角度看,不同场景的解决方案主要有以下 4 种。

(1)集团型采购业务场景的解决方案,针对集团型组织以集团管控为目的设计的采购解决方案。

（2）直接采购——精益型供应链业务场景的解决方案，针对生产性物资为精益型供应链设计的采购解决方案。

（3）直接采购——敏捷型供应链业务场景的解决方案，针对以多品小批量为特点的生产性物资和面向消费市场快速反应的敏捷型供应链设计的采购解决方案。

（4）间接采购业务场景的解决方案，主要针对间接物资采购设计的采购解决方案。

对上述4个采购场景的总结见下图。

对上图做个说明：

（1）我们从采购物资是交付给客户还是企业内部使用的维度，可将采购分为直接采购（主要指原材料或产品）与间接采购（企业内部使用）。而从产品特点出发直接采购又可分为精益型供应链与敏捷型供应链两种采购形态。

（2）如果企业的产品是以满足客户基本需求为主，且产品生命周期长、需求稳定、需求可以预测，那么这种产品属于日常功能型产品，匹配精益型供应链。精益型供应链是一种要求供应链上下游全员参与、持续改善、消除浪费，它推行的是上下游步调一致的精准配货模式。采用精益型供应链的典型代表企业是丰田汽车。

（3）如果产品以满足个性化需求为主，且生命周期短、需求难以预测，那么我们称这种产品为创新型产品，高科技产品或流行时装类产品都属于此类。由于需求难以预测，对企业而言，需要解决如何根据需求变化聚焦于响应、快速响应不可预测的需求、让畅销品快生产、控制滞销品等问题。对于创新型产品来说，若是能提高客户服务水平，那么企业会获得更多价值。创新型产品的最佳匹配供应链为敏捷型供应链，典型代表企业为Zara、苹果。

下表对精益型供应链与敏捷型供应链在目标、制造、库存策略、提前期及供方选择几个方面做了比对。直接采购数字化要考虑供应链特点，以求进行精准匹配。

	日常功能型产品	创新型产品
特点	需求稳定，可预测	需求不可预测
客户核心需求	省	快
主要目标	聚焦于效率，最大产出，最低生产成本，不一定要满足客户个性化需求	聚焦于响应 快速响应不可预测的需求，让畅销品快生产，控制滞销品
制造	规模化降成本，持续改善	有效产出，按需生产，突破瓶颈

（续）

	日常功能型产品	创新型产品
库存策略	推式，以降供应链库存为主	拉式，以提高客户服务水平为主
提前期	在不增加成本的前提下缩短提前期	采取主动措施减少提前期
选择供应商的关注点	成本和质量	速度、柔性和质量
匹配供应链类型	精益型供应链	敏捷型供应链

第1节 集团型采购业务场景解决方案

随着企业规模的不断壮大，集团型采购管理面临着三大痛点。

- 管理难度日益加大，集团型采购优势得不到发挥。
- 分/子公司分散采购的物资多，信息不畅，资源不能共享，重复采购、重复储备问题严重，导致采购成本高、资金占用多。
- 下属公司无法监管，采购过程不透明，人为干扰多，操作不规范，竞争不充分，腐败事件时有发生。

这三大痛点让集团型企业推行数智化有了内在动力，因为只有以数智化作为抓手，才能将业务真正管控起来，解决这三大痛点。但由于集团企业业务复杂、人事交织，又涉及利益权责，造成推行数智化复杂度也很高，必须看清楚、想明白、抓关键、避风险才能成功。集团型采购进行数智化转型之前,业务模式梳理至关重要。从咨询与信息化实施的维度,我们总结了集团采购管理业务梳理的 12 步,经由这 12 步,可以将集团型采购业务场景看清楚、想明白,提出有针对性的解决方案。

第 1 步:集团采购品类梳理

推行采购数字化,第一步要弄清楚集团采购包括哪些品类。所谓品类,指的是一组能够满足业务目标的,有着相似市场供应和使用特性的物资或服务。集团的采购品类梳理,是一项比较大的工程,有必要组建一个小组,以 ERP 或财务报表、采购订单为主线进行梳理。当然,也可参考同类型企业、大型综合类供应商对品类的定义对集团品类进行梳理。确定品类的标准包括相似的供应商来源、相似的生产流程、相似的内部用途、相似的原料、相似的工艺复杂度、相似的规格组合、相似的技术等。

划分品类颗粒度时,要以为采购管理服务为目的。比如支出分析,有的企业办公用品总支出较少,这时办公用品耗材会是一个品类,不再划分为笔、纸等下级品类,而 IT 设备由于金额很高,且是一种资产,所以就可能会继续拆分为办公电脑、专业 IT 设备等。

下图所示是一家集团公司依据上述标准梳理出的一级与二级品类。一级品类包括生产性物资、非生产性物资、工程服务、资产、物流,每个一级品类下面,又可划分出多个二级品类;如果有必要,二级品类可继续划分为三级品类与四级品类,直到达到采购管控有抓手为止。

第 4 章 基于采购业务场景的整体规划

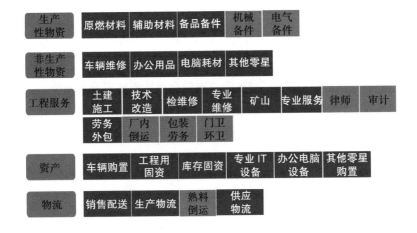

第 2 步：集团管控模式设计

设计集团型组织的采购管控模式时要考虑企业本身的历史、规模，包括分 / 子公司地域远近等因素。在实践中形成了以下 4 种管控模式。

- 总部指导，集团从制度建设、采购审计角度对下属公司进行指导，主要围绕企业所有采购行为设计采购方式和流程，采购过程和结果透明，可方便审计进行业务查询。
- 总部集中招标，一般适合于大额投资、大额设备采购等，在分 / 子公司一级往往无法组建有力量的专家队伍，即便组成相关团队，招标能力也会比较低，评标较随意。在集团一级开展集中招标，可以改善评议能力，提高投资回报率。
- 总部采购管控，有些集团企业，由于业务多元化，或企业管理体系复杂，在采购集中以后，还会出现流程问题、成本问题、供应商管理问题，这促生了集团总部统一做采购管控的组织形态。这类组织往往承担了制定各项管理制度、对分/子公司的采购工作进行合规管理、对采购过程进行监督、对采购成本做合理性稽核审查等职能。

- 总部集中采购，由集团公司汇总下属公司需求，对外进行招标并签订采购合同。

下表是4种管控模式的适用情形、优点、缺点与关键管控事项汇总。

第3步：集中策略设计

采购业务的集中可以发挥规模优势，从而获得成本的降低与供应商的支持。集团型企业依据品类特点的不同，可向4个方向集中，分别是数量集中、供应商集中、采购职能集中、品类规格集中。

（1）数量集中主要是需求整合，包括年度招标、季度采购、月度集采、跨产品整合。

（2）供应商集中包括打包采购、货源控制、按厂配套与主辅备（主供、辅供、备选）供应商4种模式。其中打包采购的主要目的是以量换价或者减少供应商数量；主辅备供应商的主要目的是通过划分订单，形成合理的供应商布局，降低断货的风险。

（3）采购职能集中指采购策略制定与执行权责明晰，采购流程统一、公开，采购过程透明化。

管控模式	适用情形	优点	缺点	关键管控事项
总部指导	供应链以敏捷或服务为导向	较少参与具体流程，以改善整体能力和工作标准为主	需要花费较多精力进行培训、协作、推进	策略性工作 成本类标准 供应商管理类标准 质量类标准
总部集中招标	一般适用于大额项目投资，以及大额设备、物流、服务等的采购	提高招标质量和能力，对大额支出进行有效的集体评议，高层参与决策	缺乏全生命周期管理，需求管理和后期执行阶段的优化工作做得少，也缺乏供应商管理机制	招标制度建设 评标专家库的建设 招标流程的组织 招标相关规范、标准管理
总部采购管控	多元化产业的集团	有利于快速对采购资源进行整体管理，实现合规、透明	缺少战略优化的职能，监管无法顾及采购执行后端的问题	制度建设 采购合规类管控 成本类管控 供应商类管控
总部集采	战略类、杠杆类物资的采购和分为生产性物资和非生产性物资的采购	可以发挥采购集中优势，获得更多的战略作用空间	不适合的集采物资或集采导致效果不佳。例如：项目施工单位所在区域大部分物资采购，总部通过集采确定的价格由于供应市场变化而不适用，最终总部的作用变为提供了少量供应商名单	在供应市场分析寻找成本优化机会 全球寻源 需求整合 战略性谈判方法 管控集采成果 管控集采类供应商绩效成本 管控库存成本

（4）品类规格集中主要是为了便于实施产品标通化、质量标准化、库存合理化、库存集中共享、企业间联储等战略性采购工作。

下图所示是集中策略的归纳与总结。

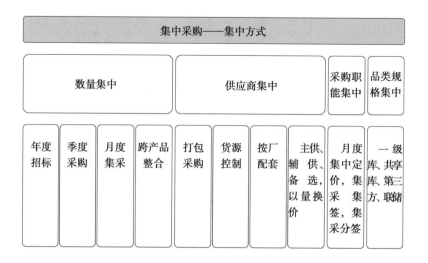

第4步：集团与分/子公司权责规划

基于品类梳理、管理模式、集中策略的组合，进行集团与分/子公司权责规划。生产性物资采购、非生性物资采购、固定资产设备采购、工程采购、物流采购等采购方向，其管理方法、供应链矛盾、组织职能配合方式、成本控制手段都是有区别的，要想实现每个方向的科学化管理，就需要分类施策，对集团和分/子公司定价权、订单权、供应商管理权进行责权规划。责权可分4种情况讨论——自采自签、集中监管、集采分签、集采集签。

（1）**自采自签**：在定价权、订单权、供应商管理权上都由分／子公司执行。

（2）**集中监管**：在定价权、供应商管理权上由集团公司监督，定价权、订单权、供应商管理权由分／子公司来执行。

（3）**集采分签**：定价权由集团执行，供应商管理权由集团监督，分／子公司负责订单权与供应商管理权的执行。

（4）**集采集签**：由集团公司执行定价权、订单权、供应商管理权。

对上述内容进行总结，可得到下页图所示内容。

对不同的品类在采取自采自签、集中监管、集采分签、集采集签中选择合适的方式，可让集团和分／子公司都发挥最大价值，实现最佳整体品类管理策略的协同。通常而言，集团公司往往规定区域性、技术性、变化性特征较强的品类采取自采自签的方式；金额较高，很难集中的品类采用集中监管的方式；通用物资趋向于采用集采分签；大宗物资往往会趋向于采用集采集签。下页图所示是一家企业对不同品类选择自采自签、集中监管、集采分签、集采集签方式的过程。

第5步：制定合适的采购方式

在确定集团与分／子公司权责后，集团公司或分／子公司根据权责与品类特点制定合适的采购方式，采购方式应确保分／子公司的采购活动符合集团拟制的政策，这些政策不仅包括对每种

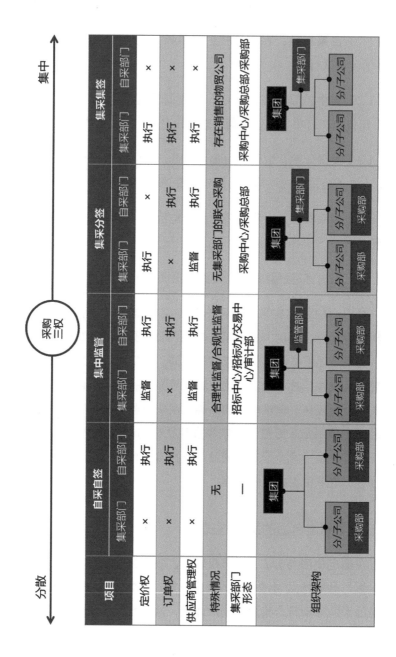

采购方式下物资金额的要求，还包括不同采购方式的适用范围、前置条件、审核规则。这些政策可帮所有采购人员知道用什么方式进行采购活动。

采购品类	自采自签	集中监管	集采分签	集采集签	备注说明
原材料、燃料	×	×	○	○	—
备件（通用）、劳保用品、生产/维修辅助原材料	×	×	×	●	进行超市采购，弥合价格差异
地域性原辅料（石膏、混合材等）	●	●	×	×	—
备件（专用）	●	●	×	×	—
服务采购	●	●	×	×	—
工程采购	●	●	×	×	—
办公用品及其他低值易耗品	●	●	×	×	按地区定点，对供应商统一审核
厂外物流	●	×	×	×	基准运价+动态调价管理；基于社会运力资源进行市场化选择
生产物流	●	×	×	×	基准运价+动态调价管理

注：×代表不适用；○代表可选；●代表适用。

采购方式可以分为如下三大类。

（1）竞争性采购方式，供应商数量较多，可以组织供应商竞争，让企业获取最优价格或方案。

（2）重复性采购方式，例如跟标、定点，这种方式可以减少招标次数，与供应商延续上次合作关系。

（3）非竞争性采购方式，这是一种针对紧急性业务、内部关联业务、市场购买、单一供应商、竞争不足情况下的采购活动进行管理的方式。

上述3大类采购方式又可细分为12个小类，下表对集团采购常见的3大类12个小类采购方式进行了汇总与说明。

竞争性采购方式
（1）**招标采购**：招标又分为公开招标与邀请招标。重大采购项目按照《中华人民共和国招标投标法》的规定进行 （2）**竞争性谈判**：允许供应商多次报价，进行充分竞争 （3）**竞争性磋商**：与供应商就技术、商务方案逐一进行磋商 （4）**询价采购**：对一般性采购项目采用询价、报价单方式进行采购 （5）**竞价采购**（反向竞拍）：针对同质化较高的物资推行竞价方式
重复性采购方式
（1）**跟标采购**：按照以前的条件签订采购合同，不再组织招议标 （2）**追单采购**：复用上次询比价、竞争性磋商、谈判、反向竞拍的结果 （3）**定点采购**：与供应商确定一段时期内的合作框架协议，价格根据市场变化确定
非竞争性采购方式
（1）**紧急采购**：在事故或其他急需状态下，在时间上不允许采取常规采购方式时采用的采购方式 （2）**内部采购**：内部交易行为的记录和备案，不在网上进行交易 （3）**零星采购**：直接购买行为的记录和备案，不在网上进行交易 （4）**单一采购**：单一的供应商，记录谈判结果

第6步：供应商管理规划

在集团采购规划中，集团采购组织需要对整个集团的各分/

子公司的供应商资源进行集中管理。分 / 子公司行业的区别、供应商管理要求的差异，都会给集团采购组织进行管理标准的制定带来困难，一般来说，集团采购组织在供应商管理规划方面负有以下工作职责。

（1）统一供应商分类。一些行业比较单一的集团企业，比较容易制定统一的采购分类，借此对供应商资源进行划分和管理。一些多元化的集团企业对供应商类型进行梳理会比较困难，因为不同行业的采购分类存在交叉，归类标准口径也有所不同。此时有必要对资源进行梳理，有了统一的分类标准，就可以制定供应商管理规范并对供应商资源进行管理了。

（2）定义供应商管理责权。在大部分集团企业中，供应商的实际管理工作都在分 / 子公司内完成。已经实施集中采购的集团，部分标准物资的供应商开发、绩效考核、淘汰工作逐步上移到集团层面，由集团根据市场情况、需求情况制定供应商管理策略。所以，集团层面需要定义好供应商管理的责权关系、协作关系，这样才可以形成一个整体化的供应商管理体系。

（3）定义供应商准入规范。制定和标准化供应商准入要求，是改善整个集团供应商资源水平、质量的基础性工作，也是集团采购管理首先要开展的工作。通过为不同类型的供应商定义准入标准，并且在供应商准入流程中进行监督审核，再通过风险识别、合规识别、资质识别来发现供应商风险，可确保供应商的实力和水平符合企业要求。

（4）建立合格供应商目录和共享机制。一般集团企业都会建立一个合格供应商库，建立合格标准、分级标准、淘汰方法、黑名单规则，同时基于合格供应商目录最大化实现供应商资源共享，推动合格供应商在不同分 / 子公司的采购合作，推动供应商资源的有效竞争和共享利用。

（5）进行供应商风险管理。集团采购组织既有管理职能，也有服务职能。集团采购组织可以构建多个供应商资源合作平台，可以引入供应商信用信息，可以构建供应商风险评估模型，以此来及时发现供应商风险并为供应商选择提供辅助支持。不少集团企业都开始构建这个模型，以求帮助分 / 子公司更好地管理供应商。

（6）进行供应商绩效管理。集团采购组织在整个集团范围内推进供应商绩效管理是一件非常困难的工作，它的难点如下。

- 标准不好制定。不同品类的供应商考核内容差异很大，很难统一标准。
- 跨单位协作不便在线化。供应商考核工作需要质量、仓储、供应商开发、采购、技术等多方面的信息反馈，推动这些部门进行供应商信息反馈协同。在单一采购组织内推行就已经很困难了，更不用说在集团范围内推进执行了。
- 供应商的绩效数据不统一。不同的分 / 子公司可能会采用不同的信息化平台，信息系统的碎片化、多样性给获得供应商绩效数据带来更大的困难，同样一家供应商，可能在不同的分 / 子公司的绩效考核下得到的结果相差较大，该如何综合权衡与调整是一个非常难解决的问题。

- 在供应商管理责权具体划分中，质量、采购部门或供应商管理部门往往存在较多矛盾和争议。

集团采购组织推进分/子公司的供应商绩效管理时，可以从推动协作、推动标准、推动绩效工作落实几个方面入手。具体实施的时候，集团采购组织应该加强在集团内对采购培训和理念的宣传，督促各个分/子公司制定供应商绩效管理工作计划，并监督该计划落地执行，以改善实际的供应商绩效管理现状。

第7步：合规管理

合规管理属于企业内部控制范畴，它是现代企业管理中一项重点工作。而物资采购环节又是企业实施内部控制管理工作的重点。那么，如何通过加强内部控制管理工作来提高采购工作的合规水平？可以从两个方面来梳理和构建合规管理能力。

- 依据制度进行业务合规性风险分析，及时对风险事项进行判断。
- 对异常业务进行预警和监察。

集团企业根据品类策略、职责、流程规划、成本控制等机制进行策略分析，依据分析结果优化原有的内控体系，建立新的制度，围绕制度要求再进行合规性风险分析，找出可能发生合规性问题的环节，然后针对性进行解决。集团企业可利用信息化手段提升合规性管理效率，从而保证制度的执行，防止不合规事件发生。例如，在下面的招标采购过程中，不同环节需做不同的管理工作。

（1）项目立项环节。

- 采购人员选择的采购方式是否合规？
- 采购人员拟制的标书是否规范？
- 采购人员撰写的招标公告是否规范？是否有足够长的公示期？

（2）采购项目质量环节。

- 每个项目是否保证了供应商的竞争性？
- 集团是否可以通过设计共享供应商机制来保证项目竞争？
- 是否能保证每个项目的评标专家的水平？
- 是否采用了合理的评标方法？

（3）采购谈判环节。

- 开标过程是否合规？
- 谈判过程是否合规？
- 是否存在信息泄露？
- 是否存在供应商串标？
- 是否满足预算要求？
- 评标结果是否会签？
- 招标结果公示时是否存在异议？
- 合同和招标结果是否一致？

第8步：成本管理

集团采购组织有时候还要承担对所有采购支出的合理性进行管理的职责。集团采购组织的成本监管工作具有工作效率低、专业要求高的特点，每天的采购支出都很大，加之项目数量繁多、支出品类繁杂，这都为采购成本监管工作带来巨大挑战。

集团采购成本监管在实际设计中可以考虑以下几个方面。

- **分类施策**。即针对不同品类设计不同的成本控制方案，比如针对原材料、设备、物流、工程进行的成本控制方式、流程、手段设计都会有差异，对标数据也会有差异。集团采购组织可以对分类成本控制措施的设计和实施提出总体要求。
- **大数据利用**。基于历史采购数据进行数据建模，各种价格数据收集、清洗、汇总、转换后，会产生一系列可以作为决策支撑的数据。
- **预算控制**。有了数据做依托，从采购需求、立项环节就可建立成本预测、科学化使用数据的方案，以提高预算价格质量，使之更贴近实际业务水平。
- **过程决策模型构建**。在决策过程中，构建不同的成本分析模型，使之支持总成本分析、变动市场分析、类似参考物分析等，以提高决策的参考支持能力。
- **事后跟踪**。在采购执行过程中，可以对各个采购组织的成本差异进行发现和预警，建立滚动优化完善机制，以便及时调整后续的采购策略，不断优化成本。

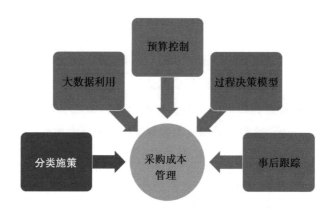

第9步：制度建设

建立完善的物资采购内部控制管理制度，这既是满足、提高采购管理水平的需要，也是完善现代企业制度的需要，同时更是全面提升企业经营管理水平的需要。建立完善的内部控制制度，通过内部控制制度来规范和管理采购程序，并定期开展内部控制制度的评价和维护工作。这样做必将为采购管理水平的提高、资金的安全完整、经营风险控制、经营管理目标实现等提供有力保障。建立完善的内部控制制度，能够使企业的经营活动全过程均处于可控状态，确保采购业务工作有章可循、有法可依，促进采购工作的规范运转。

集团采购组织要善于从整体层面审视采购内部的控制管理工作，避免内部控制制度设计过于烦琐，流程过于冗长。集团采购组织要做的事情如下。

- 积极协同企业的内控审计、财务、法务、高层领导等与合规性有关的单位或个人的工作。

- 讲解集团采购的品类策略开展计划、流程规划思路、成本控制措施、集采模式等一系列与采购管理发展相关的内容，寻求跨部门认同和支持。
- 调整和优化内部控制制度的设计，使采购工作在合规体系下变得高效。

集团采购涉及的制度包括集中采购制度、集团招标管理制度、生产采购管理制度、非生产性物资采购管理制度、工程采购管理制度、物流采购管理制度、专家管理制度、供应商管理制度、数智化采购运行管理制度。

那么，怎么撰写这些制度呢？制度撰写要点可参考下页图。

第10步：采购业务标准化

集团数智化采购系统的运行，需要依托于所有采购业务工作的标准化，这些标准化事项解决了采购工作运行标准、业务标准，以及数据输出的规范性、流程流转的规范性、内控控制的规范性等问题。这些标准化包括的内容如下。

（1）规划组织人员，包括规划数智化采购涉及的组织、人员范围。

（2）业务职能权限，按照品类策略、职能设计思路来落实组织内的职能权限。

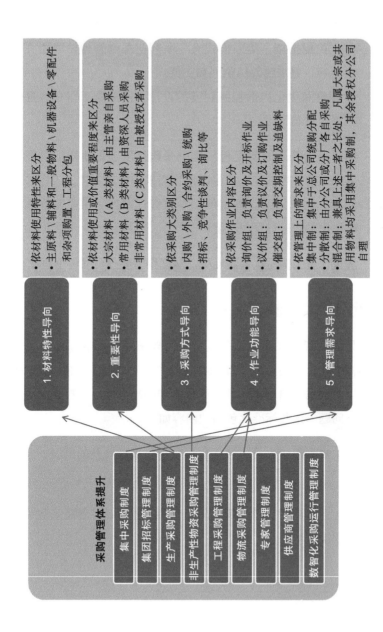

（3）标准化处理采购基础数据，如统一货币、行业、区域、税率、成本中心、预算科目、收货地址、会议室、工厂等相关数据规则。

（4）统一 ERP 数据标准和跨系统数据标准，如订单条款、订单类型、计量单位等。

（5）梳理专家资源，构建专家类别、专家库、专家表现、专家贡献度、专家等级等相关标准。

（6）统一业务规范标准，如单据编号、归档要求、公告标准、政策须知等。

（7）制定采购业务管理标准。

- 构建统一的采购类别和物资主数据。
- 定义管理特性要求。
- 定义品类采购数据结构。
- 定义内部流程分权机制。
- 标准化合同模板。
- 标准化内控流程。
- 标准化集采分工和自采分工。

（8）构建供应商管理标准，如构建供应商准入标准、供应商绩效管理标准等。

第 11 步：跨部门协作

集团采购数智化规划中一个容易忽视的方向就是改善跨部门协作。大部分企业做采购数智化规划时往往是基于流程或功能设计展开工作的,这种设计往往会忽视跨部门协同的需求,而企业想运行好整个集采体系,必须要处理好各个体系单元间的协同问题,从而实现集采体系的最佳化运行。协作的方向包括如下几个。

- 需求部门和采购部门的协同。
- 分/子公司和集团的协同。
- 采购部门与财务、法务、审计等部门的协同。
- 采购部门与仓库部门的协同。
- 采购部门与质量部门的协同。
- 采购部门与生产物控部门的协同。
- 采购部门与供应商的协同。

第12步:内外部信息化平台集成

集团采购数智化规划同样要考虑内外部所有信息化平台的集成,通过跨信息系统的集成实现采购数据流的整合,在避免重复工作的同时,可实现一体化的数据追溯和管控能力,从而解决各个业务环节的衔接问题。从业务环节上来看,信息化平台集成工作包括以下内容。

- 需求集成,目的是避免重复操作,实现自动化分工、可跟踪性等。
- 供应商集成,供应商管理状态联动。
- 物资集成,主数据标准化协作。
- 价格协同,协作完成各种价格策略,如有效期、价格阶梯、定额、集采结果等。
- 订单协同,协作完成各类订单管理工作,如标准订单、外协订单、直发订单等。
- 库存协同，协作完成与账外库存、到货验收、异常处理等相关的管理工作。
- 质量协同，协作完成与质量问题、质量 KPI、质量辅导等相关的管理工作。
- 财务协同，对款票账进行结算。
- 审批协同，构建移动审批、单点登录等跨系统审批能力。

下页图所示是一家集团企业集成与采购管理相关的内外部信息化平台的总体规划。

第 2 节　精益型供应链采购业务场景解决方案

精益型供应链管理起源于日本丰田汽车公司，是由精益生产的理念蜕变而来的，是精益思想在供应链管理中的应用。其**核心是追求价值的流动，消灭不增值的浪费，持续改进供应链系统**。

深入理解精益型供应链体系及其管理

精益型供应链体系具有"精益协同、采供协同、战略协同"三大特点。

- **精益协同**：尽可能细化工作流程，消除浪费和一切非增值活动，将精益管理、智能制造与数字化质量管理三个系统融为一体，以最少的投入获得最大的产出，向市场提供可靠性高、环境适应性强、成本低廉、技术先进、服务优质的技术、产品和工程，以满足客户需求。

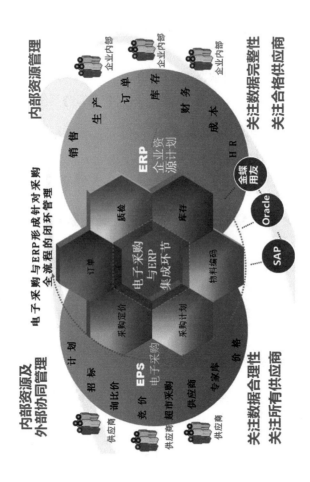

第 4 章 基于采购业务场景的整体规划

集中采购规划框架

- 品类梳理
- 集团管控
- 集中策略
  - 集采形态
  - 集采方式
  - 集采谈判特征
  - 集采管理闭环
- 权责规划
  - 自采自签
  - 集中监控
  - 集采分签
  - 集采集签
- 采购方式
  - 竞争性采购方式
  - 重复性采购方式
  - 非竞争性采购方式
- 供应商管理
  - 供应商责权规划
  - 供应商准入标准
  - 合格供应商目录
  - 供应商风险管理
  - 供应商绩效管理
- 合规管理
  - 合规性风险分析
  - 异常业务预警
- 成本管理
  - 分类施策
  - 大数据利用
  - 预算控制
  - 过程决策模型
  - 事后跟踪
- 制度
  - 集中采购制度
  - 集团招标管理制度
  - 生产采购管理制度
  - 非生产采购管理制度
  - 工程采购管理制度
  - 物流采购管理制度
  - 专家管理制度
  - 供应商管理制度
  - 数智化采购运行管理制度
- 采购业务标准化
  - 组织人员
  - 业务权限
  - 采购基础数据
  - ERP 数据
  - 专家资源库
  - 业务规范标准
  - 采购业务标准
  - 供应商管理标准
- 跨部门协作
  - 需求部门和采购部门的协同
  - 分/子公司和集团的协同
  - 采购部门与仓库部门的协同
  - 采购部门与质量部门的协同
  - 采购部门与生产物控部门的协同
  - 采购部门与供应商的协同
- 内外部集成
  - 需求集成
  - 供应商集成
  - 物料集成
  - 价格协同
  - 订单协同
  - 库存协同
  - 质量协同
  - 财务协同
  - 审批协同

- **采供协同**：建立高效、便捷的采供协同环境，实现生产计划、生产进度、请检、送货、物流、入库、账款、库存等环节协同工作与信息共享的机制。采购协同可以使交易双方获得更多的时间对异常变化做出反应，甚至提前做出决策，从而提高供应链的响应速度及柔性。
- **战略协同**：通过供应商管理系统培育战略供方，改善与供应商之间的关系，建立相互之间更为稳固的信任关系。通过系统实现提醒、预警、协作过程自动化，减少采购人员在无价值的催单、跟单等环节的时间消耗，让他们将精力投入到供应商管理工作中来，与供应商共同改进工艺、提高良品率、降低采购成本、减少浪费，最终提高整体供应链竞争力。

这三大特点，要求供应链具有开放式的企业信息系统和集成化的模式，还要求企业之间有较好的信息透明度，供应商、制造商、分销商之间保持较好的沟通和联系，以求达到信息共享，以及供应链的并行和同步。要实现这种目标，企业的信息系统就不能再是封闭孤岛式的企业信息系统，而是建立在互联网之上的开放式的信息系统（又称合作式信息系统）。典型精益型供应链信息化规划如下页图所示。

精益型供应链管理可从客户需求到生产计划，实现精准的生产排程及预测，可基于精益的生产需求来拉动产品采购与供应商交付的执行，可通过产品联合设计提高产品设计阶段的标准化能力和上下游协同能力，同时构建核心供应商网络协同能力，最终降低生产阶段供应链的复杂度。

第4章 基于采购业务场景的整体规划

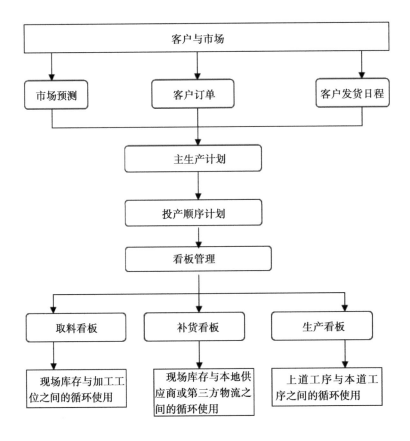

精益体系运作的基础是最大化集成各种信息化系统及供应商端的数据，这些数据驱动着供应商在设计、订单、生产、要货、发货、补货、质检、到货、对账、开票、付款等业务方面的行为。精益体系的总体设计思路是通过电子化的协同手段以及过程无纸化、流程驱动化，改善信息传递效率，实现高效运作，建立高效、便捷的采供协同环境，规范采供双方的协同作业流程，避免因不规范操作导致的潜在风险，提高采供双方的沟通效率。具体如下页图所示。

9项以协同为特点的流程设计

精益型供应链场景下的采购管理至少要完成以下9项以协同为特点的流程设计。

（1）**合同和订单的业务协同**。基于系统中的订单数据、采购信息记录数据及合同模板自动生成合同，以简化合同拟制工作；通过数据关联，保障合同数据的准确性；将合同范本固化成合同模板，减少合同风险，以帮助企业简化合同审核流程；合同可以进行线下或在线签署，其中在线签署的合同可自动归档，形成统一、合规且便于检索的合同库。

（2）**设计图纸协同**。管理与外协、外购件、模具等相关的图纸的下发。供应商在线基于订单进行图纸申请，采购方进行图纸下发时，系统显示拥有对应物资且未下发该物资图纸的供应商。图纸管理流程见第102页的图所示。

第 4 章 基于采购业务场景的整体规划

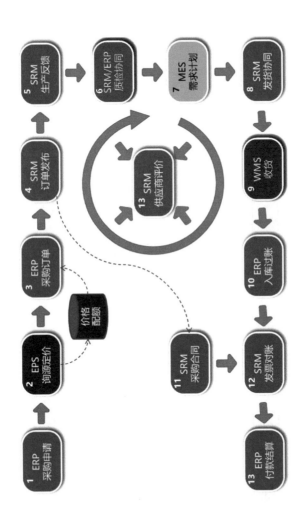

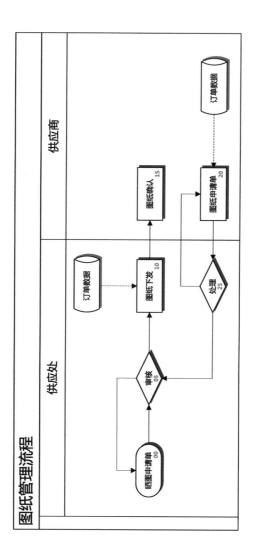

（3）生产进度协同。了解关键、瓶颈类物资的供应商的生产进度，向内部需求部门提前反馈。

- 生产进度节点反馈需要供应商高度配合，这部分工作较为烦琐，且需要明确定义物资范围。注意，要求供应商反馈生产进度的物资必须是关键瓶颈类物资。
- 对供应商录入的及时性进行自动监察，并将该项作为供应商考核的指标。
- 生产进度节点定义的合理性对生产进度跟踪的可执行性影响很大，进度节点应当清晰且不能太细。
- 供应商库存应当是供应商可供给企业的库存。供应商的在制库存可通过生产进度跟踪查看。

生产进度节点反馈流程示例如下页图所示。

（4）需求计划协同。需求计划协同要实时传递给供应商。

- 基于远期需求拟制交货计划，拉动供应商提前备货。
- 基于近期需求形成需求计划，并进行计划分派、订单分配，以促使供应商及时交货。
- 对计划执行情况进行跟踪。
- 制表时间是计算在途数据的时间依据，制表时间的准确性直接影响在途数据的准确性。系统获取在途数据（需求未交数量）后，可对需求量进行修正，以保障要货数量的准确性。
- 采供双方发生异常时，应及时通过系统建立的渠道通知对方，尽量减少计划变动带来的损失。

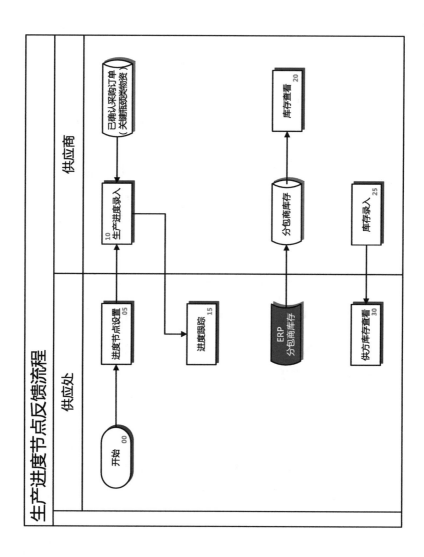

需求计划管理业务流程示例如下图所示。

（5）**质检协同**。对外协件、外购件、模具等采购品在入库前进行质检，实现检验资料的归档。基于检验批次、钢印号对质检数据进行追溯查询，获取入库后的质检数据，形成完整的质量报告。

- 基于品类维护抽样规则，基于物资维护合格证类型。
- 对于普通工程的质检标准按照采购品类执行，对于特殊工程（如核电）可按照订单要求执行。供应商可基于订单查看对应的规则。
- 请检单中的同一物资应形成一项检验任务。
- 检验任务的分派可按品类支持自动分派和手工分派两种机制。
- 对于不同的合格证方式（一物一证、批次合格证），需要供应处采购员、质检员进行把关，以避免错误。
- 质检员可选择同一物资的一项或多项质检任务进行质检判定。
- 质检结果回传至 ERP 系统时，系统应根据检验批次对数量进行随机分配，并获取质检判定成功的标识。
- 质检协同涉及企业、质检、供应商三方，任何一方的协同效率、准确度都会对后续协同产生影响，故应在清晰定义各方职责的基础之上，对各方的效率进行统计、考核。

（6）**发货协同**。确认具体的发货时间和地点，打印入库单作为收货凭证，以帮助各方提前了解物流信息。发货申请单及确认

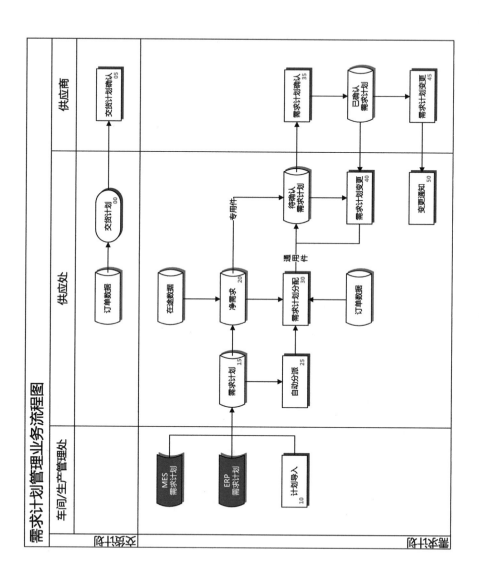

单、供方打印入库单适用于供应商配合度高的外协件、外购件的采购过程。采购方打印入库单适用于其他情况。对于发货协同应注意如下问题。

- 控制供应商发货申请单、供应商/采购方打印入库单数量不能超过规定数量。
- 供应商基于需求计划申请发货，基于已同意的发货申请打印入库单，采购员基于订单、需求计划数据打印入库单，建立入库单/入库过账数据与需求计划之间的关联。
- 打印入库单时，ERP系统进行合格证分证，打印并粘贴了合格证的物资，合格证可作为收货凭据。

发货协同业务的流程示例如下页图所示。

（7）寄售业务协同。要满足寄售模式下（通过订单要货）的采购要求，需明确寄售的适用范围，充分考虑供应商的配合度、物资的特性等。

- 备货计划是提醒供应商备货的凭证。
- 订单与需求之间的关系是松散的，订单的作用是调整寄售库存水平。
- 采购方或供应商可基于送货通知单打印物资条码，这是进行寄售库存管理的基础，该条码可用于标识货物物权归属以及查询收货时间，以实现物资的先入先出。
- 在收货时，需要指定库存地点，以适应未来大规模采用寄售模式的需求。
- 为保障寄售库存的准确性，需要进行收货入库、收货冲

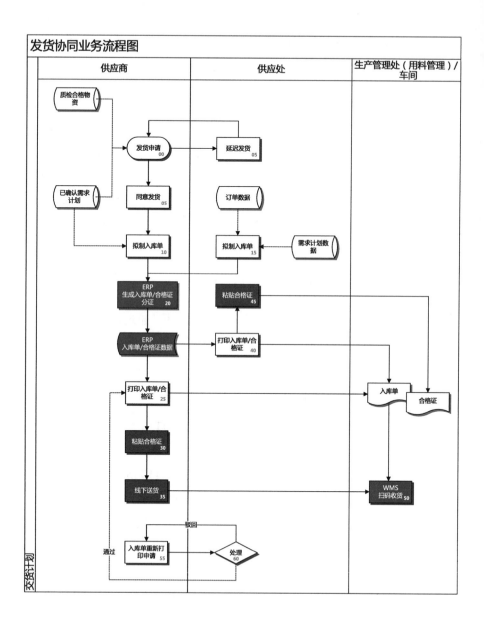

销、出库、出库冲销、库存调整等操作。
- 需明确寄售物资的消耗周期、管理责任、退换货机制。

寄售业务流程示例如下页图所示。

（8）VMI业务协同。要满足VMI模式（供应商自主补货）采购要求，需明确VMI模式的适用范围。VMI模式对供应商的配合度要求更高，而且需要供应商自身具有较好的管理水平。

- 需要对VMI模式下物资的最高库存、安全库存等进行重新讨论、修订，要达到既保障生产，又不能占用过多的库存空间的目标。
- 备货计划是供应商决定补货时点（时间和地点）的重要参考，所以备货计划的准确度必须足够高。
- 供应商基于备货计划进行请检，请检完成得到的检验结论与检验批次无关联。
- 在VMI模式下订单是执行后续过账、质检判定、入库单打印、入库过账、财务结算的数据基础。
- 供应商根据库存水平、备货计划，自主决定补货时间和地点，并通过送货通知单请求发货。

VMI业务流程如第111页的图所示。

（9）财务对账协同。所有采购品类的发票、对账过程及数据都要共享，因此必须进行如下操作。

- 采供双方对账。
- 发票登记。采购员、供应商基于入库过账数据、合同数据进行发票预置，避免错误。

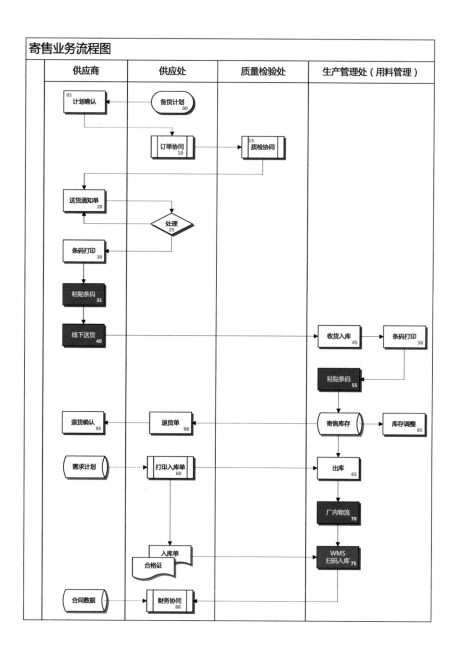

第 4 章 基于采购业务场景的整体规划

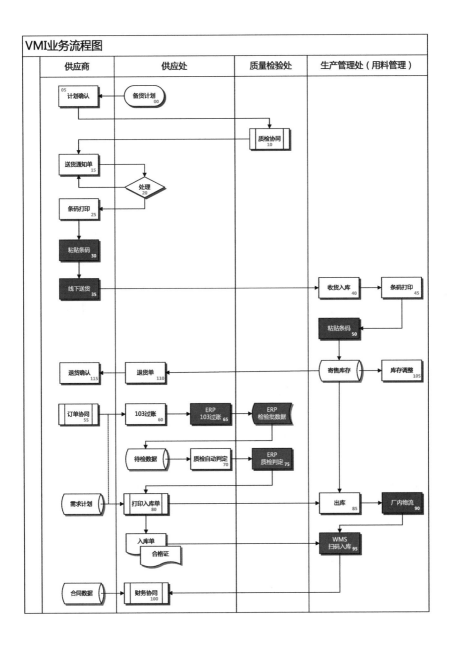

- 供应商的同一张入库单必须一次性完成发票登记。
- 共享财务数据给供应商。

财务对账业务的流程示例如下页图所示。

精益型供应链下的采购业务、供应商协同会持续改进，所以采购流程会不断优化，以助力精益型供应链创造"价值流"。

第3节 敏捷型供应链采购业务场景解决方案

未来的环境越来越不确定，消费者需求也越来越多样化，这造成产品生命周期越来越短、消费者对交付速度要求越来越高的情况出现。以客户需求为驱动，进行端到端的系统优化，打造快速响应的敏捷型供应链，这些手段已成为很多企业应对市场竞争的重要武器。

敏捷型供应链以满足客户需求为中心，以快速响应客户需求为竞争优势。英国著名物流专家 Martin Christopher 指出："敏捷型供应链强调快速反应，以高质量的服务水平制胜，涉及的大都是需求难以预测的创新型产品。"高科技类企业、快时尚类企业、电商平台类企业适配敏捷型供应链。高科技类企业往往面对蓝海市场，快速占领市场比降本更重要，比如苹果；快时尚类企业，客户需求多变，要对流行时尚快速响应，加快流行产品上市步伐，比如 Zara 与 Shein；电商平台类企业本质是传递价值的企业，传递价值的效率、物流服务水平是衡量电商平台竞争力的重要指标，比如京东与亚马逊。

第4章 基于采购业务场景的整体规划

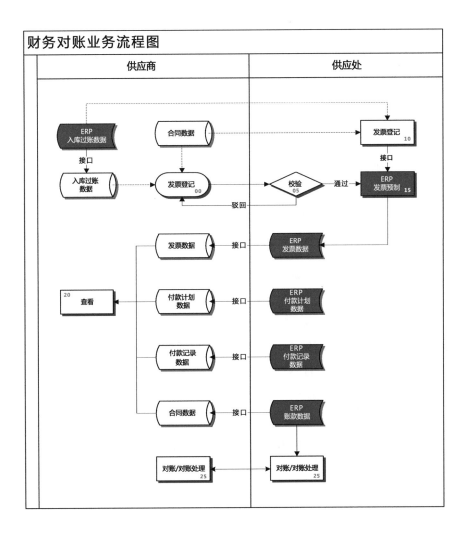

敏捷型供应链的需求往往不可精准预测，市场需求的多变是敏捷型供应链的土壤，也是导致其预测准确率很低的原因。这要求企业不能依赖预测，而是尽快构建柔性高且快速反应能力强的供应链体系。也就是当商品畅销时生产交付速度要快，当商品滞销时下架速度要快。

敏捷型供应链的数字化要求

敏捷型供应链要实现快速响应，需要供应链上下游企业高效协同，没有数字化支持这几乎是不太可能完成的。敏捷型供应链的数字化要求是进行端到端的系统改造，包括客户层面、企业运营层面与供应商层面。

（1）**客户层面的需求驱动与大数据应用**。企业要么通过产品创新引领客户的需求，比如以高科技企业为引领的苹果公司；要么通过快速反应来满足客户需求，比如快时尚企业Zara或Shein。敏捷型供应链进行数字化后，可通过对客户消费习惯的大数据分析，研究目标客户的喜好，以客户需求为导向进行设计，从而提高新产品研发的成功率，加快新产品上市的速度；通过对SKU（库存量单位）销售数据与趋势的分析，对产品全生命周期进行数据化、精细化管理，基于销售情况将产品分为爆款、旺款、平款、滞款并为不同产品匹配对应的供应链，从而实现订单和产能精准匹配。敏捷型供应链通过连接客户，让客户在选品、支付、收货等过程中有更好的体验。

（2）**在运营层面形成端到端的系统创新**。在企业内部，通过数字化不断打造自身供应链，可形成快速反应、数据分析、创新、协同等关键能力。与精益型供应链相比，敏捷型供应链流程设计更关心提升供应链效率、快速响应客户需求。为了实现这一目的，敏捷型供应链将整个交付过程看作一个系统，系统的强度取决于最弱的一环。要提高一个系统的产出，就必须打破系统的约束。敏捷型供应链流程的解决方案，目前比较成熟实用的是 TOC 理论。TOC 理论认为，企业最终的目标是赚钱，而赚钱有 3 个衡量指标：有效产出要增加，库存要下降，运营费用要下降。如何实现呢？要遵循瓶颈突破 5 步法，即找出瓶颈→挖尽瓶颈→迁就瓶颈→松绑瓶颈→回头再来，从而实现运营层面端到端的系统创新。

（3）在供应商层面形成高效协同。要完成与供应商的协同，首先是选择供应商时要关注其速度、柔性和质量。在关系上要帮助供应商解决运营难点。比如最近崛起的快时尚企业 Shein，其针对服装行业普遍薄弱的供应商备料、付款问题做了关键改进。由 Shein 为供应商准备面辅料，承担原料库存风险，这就解决了供应商的后顾之忧。而 Shein 因此获得了面辅料的集中采购优势，即使出现产品销售不好的情况，Shein 也可以通过设计部门基于面辅料设计新的 SKU 来消化面辅料库存。服装行业普遍付款情况不好，但 Shein 从不拖欠供应商款项，与供应商结账非常快，通常 30 至 45 天就能结款。Shein 还要求直接合作的供应商也不能拖欠上游厂商的工资，一旦有人举报，就立即终止合作。在数智化建设上，Shein 已经开发出一套竞争对手难以复制的复杂供应链信息系统，所有的代工厂和供应商都能使用这套系统来对每个订单的各个环节进行实时和可视化的跟踪，从而控制生产效率，实现先进、高效和高柔性的供应链体系。

敏捷型供应链企业数智化建设

那么,敏捷型供应链型企业如何推行数智化建设呢?

1. 对企业供应链信息化现状及需求进行分析

要进行敏捷型供应链的数智化改造,企业先要完成端到端的流程集成,用信息技术把流程与数据承载起来,使数据集成化、流程自动化,进而提升流程的运作效率。要做全局规划,首先是对企业供应链信息化现状摸底,以下是这个阶段需要回答的 5 个问题。

- 我们企业现有信息化系统分布如何?
- 我们企业端到端的流程是什么?
- 与其他信息系统集成度如何?
- 现有的功能实现程度如何?
- 现有信息系统哪些部分是缺失的?

将上述 5 个问题集成到企业信息化现状图中(见下页图),可清晰明了地说明企业对信息化系统的集成关系。

2. 未来业务需求

对企业供应链信息化现状进行调研后,根据未来业务的发展规划及敏捷响应的要求来确定未来业务需求,通过访谈与调研确定企业的战略发展规划、供应链发展规划、各职能部门的目标与计划,以及供应链未来的业务发展需求与流程要求。

第 4 章 基于采购业务场景的整体规划

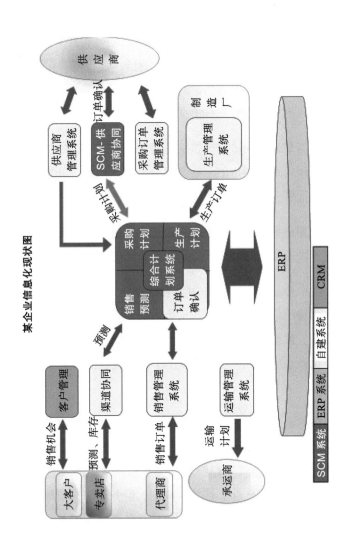

3. 企业敏捷型供应链数智化系统全景规划

明确了企业供应链现状及未来业务需求，就可以对企业的供应链数智化进行全景规划了。在全景规划时，要对CRM、ERP、SRM进行通盘考虑，并连接研发端口、销售端口。明确整个系统中哪部分应对接原有信息化系统，哪部分需要新建，哪部分需要改造。下页图所示是一个企业供应链信息系统全景规划示例。

电商型公司的敏捷型供应链规划，以震坤行的供应链数字化网络整体规划为例，整个系统可分为3个层级，分别为客户平台层、中台层、商家平台层，如第120页的图所示。

在客户平台层，客户可以通过多种方式获得行业场景化解决方案，快速且高效地搜索商品，并简化选型流程。

在中台层，通过业务中台和数据中台两大能力，连接客户、商家两端的信息流、物流与资金流，实现工业品一站式交易全流程服务。数据中台依托于数据仓库和算法平台，为企业提供各类大数据及AI服务，为上下游合作伙伴提供经营数据、采购报表等服务。

在商家平台层，可通过商家平台让用户与商家更高效地进行沟通及互动。比如震坤行，商家可以访问震坤行商家平台（VC），或通过ERP直连震坤行商家开放平台，从而高效管理自己发布的商品，比如对库存、订单、物流、财务等进行管理。同时，震坤行商家平台也向商家合作伙伴提供各类赋能服务，即将平台具备的工业品物流履约能力、大数据分析能力等变成帮助商家提升经营效率、优化成本的武器。

第 4 章 基于采购业务场景的整体规划

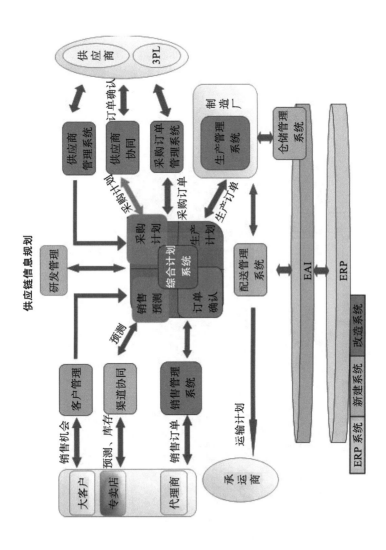

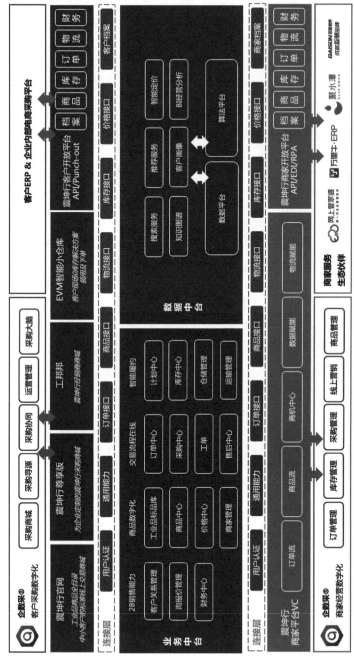

4. 数智化系统实施

永远不要认为上了 IT 系统就能优化流程。数智化建设解决不了流程优化的问题，上数智化系统之前，仍要做流程的梳理与设计。上数智化信息系统，要求数据的准确性足够高，故事先要做数据清洗。如果进入系统的都是垃圾数据，那么从系统出来的一定是垃圾结果。上数智化系统时重点关注如下步骤：明确项目目标、项目风险，制定项目实施计划与预案，匹配项目资源，测试与培训项目人员。

管理层应该通过研究同类项目，确定项目目标完成顺序。另外，一定要配备合格的项目经理。选定技术供应商之后，管理层必须协调不同利益相关方的需求，明确项目的里程碑和推行计划，定期总结与回顾，不断改进项目。

第 4 节 间接采购业务场景解决方案

企业不同，间接采购的范围也可能不同。下页图所示是一家企业对间接采购品类进行的梳理，由图可以看出，其中包括的项目众多，不同采购项目在采购方法、运作部门、需求管理方面又存在一定差异性。

间接采购主要面临以下问题。

（1）**种类多且分散**：包含工程、服务、固定资产、低值易耗品、备品备件等，不仅种类众多，而且各部门同类物资规格型号分散，管理难度大。

分类	间接采购品类								
服务外包	维修保养	租赁	检测及试验	膳食服务	治安消防	环境保护	广告宣传	培训/咨询	其他
固定资产	机械设备	生产测试/试验设备	动力设备	电子设备	办公设备	公共设施	职工生产用建筑物	交通运输设备	非生产用建筑物	其他固定资产
易耗品	车间易耗品	工具备品		办公生活用品		劳保用品	工作服		其他易耗品
财政项目及其他	资源能源	交际类		差旅类		行政项目及收费类			

（2）**数据分散**：采购作业全流程涉及 ERP、费控系统、线下业务等，单一系统中的数据不完整，数据分散。

（3）**需求部门多且分散**：需求部门几乎涉及公司所有部门，采购需求来源多且分散。

（4）**管理分散**：拥有采购权限的部门众多，由各分支机构的采购部门或需求部门负责采购，无统管部门，采购权限分散，且线下采购形式灵活。

（5）**采购金额高**：大型企业年间接采购费用基本都超过亿元。

（6）**过程不透明**：寻源定价过程线下进行，缺少过程监管。

（7）**数据不完整**：缺乏信息化系统管理，数据不完整，沉淀的数据不支持多维度分析。

（8）**信息不共享**：各部门、组织间的采购资源、供应商资源不能共享。

间接采购的流程规划

从整体流程来看，企业内部需求部门在预算范围内提出需求，品类技术部门根据需求制定相应的技术方案，采购部门执行寻源定价并与供应商签署合同或订单，然后供应商按合同履约或按订单履约。品类技术部门根据前期的技术方案执行验收，验收通过后财务基于验收材料进行付费。整个过程如下图所示。

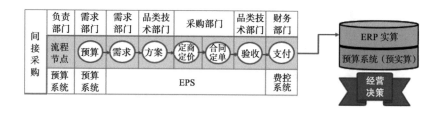

根据品类管理策略，品类规划采购可以分为4类：目录物资采购、ERP物资采购、一般物资采购、服务与固定资产采购，如下图所示。

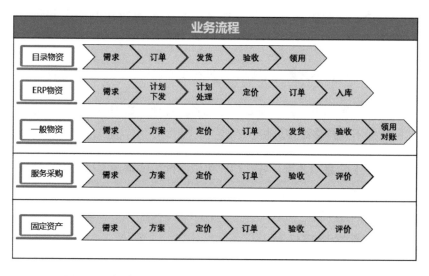

下面对4类采购进行详细介绍。

（1）目录物资采购：需求部门在商城中选购所需物资，生成采购申请，采购申请审核通过后，采购部门即可基于申请数据创建采购订单，供应商按订单执行发货，品类技术部根据送货单执行验收，基于验收单实现领料与对账。

（2）ERP 物资采购：需求部门创建采购申请，由计划部门下发并处理计划，采购负责人对计划进行处理，针对无价格的采购申请执行寻源定价，有价格的采购申请由订单员创建采购订单，然后将采购订单对接至 ERP 系统。在 ERP 中实现入库后，EPS 系统可查询出入库数据。

（3）一般物资采购：需求部门提出采购需求，品类技术部门制定技术方案，采购部门按技术方案执行寻源定价，线下签署合同，订单员根据授标结果生成订单，向供应商要货。供应商按订单执行线下发货并在线上创建送货通知单，品类技术部门根据前期的技术方案执行验收，基于验收单实现领料与对账。

（4）服务与固定资产采购：需求部门提出需求，由品类技术部门根据需求制定相应的技术方案，采购部门根据技术方案寻源定价，选定供应商，线下签署合同，订单员线上基于授标结果生成费用订单，品类技术部在系统上依据费用订单按合同付款阶段发起验收，验收过程对供应商的服务表现进行评价。财务基于验收单据进行付款。

间接采购数智化的设计要点

间接采购数智化建设涉及组织责权的优化、制度的改善、不同品类的差异化管理方法、内控的合规性要求、非生产性供应商的管理要求等诸多内容，在设计时要考虑以下要点。

1."三权"分立

间接物资采购流程尽可能设计为"三权"分立形式，即需求提报、采购定价与订购、验收三个环节由三个不同权力部门执行，同一个人不能负责两种以上的业务，以此实现阳光化管理。这种采购"三权"分立的形式需要在系统上设计权限管理。"三权"分立的示意如下页图所示。

2. 内控流程透明化

通过对各公司审批流程进行优化和统一，可实现精简现有流程、缩短领导审批流程、提升内控效率的效果，同时可实现采购订单可追溯、过程可审计、结果可评价、采购全过程阳光透明的效果。通过 EPS 系统对公司审批流程进行优化和统一的示例如第 128 页图所示。

3. 供应商管控自动化

集团层面通过推进供应商管理标准来改善供应商整体管控能力。

- 集团供应商的资源共享，对供应商进行分类和分级管理；
- 对供应商进行自动打分核算，减少人为干预；
- 改善与供应商的供应关系，实现互利共赢。

引进间接物资采购管理系统，实现采购管理可视化、合规化、自动化的示例如第 129 页图所示。

4. 改善非生产性采购服务满意度和流程效率

非生产性采购部门主要的服务对象是内部的组织人员，因此会涉及大量的沟通协调工作，通过数智化建设，可以优化各个节点的工作协同方式，从而提高内部的服务满意度，提高非生产性

第 4 章 基于采购业务场景的整体规划

- 需求、采购、验收业务（三权）由各个不同的人（部门）来负责，相互监督
- 同一个人不能负责两种以上业务

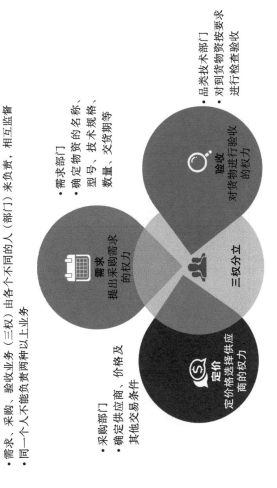

需求部门
- 确定物资的名称、型号、技术规格、数量、交货期等

品类技术部门
- 对到货物资按要求进行检查验收

需求
提出采购需求的权力

验收
对到货物资进行验收的权力

三权分立

定价
定价格选择供应商的权力

采购部门
- 确定供应商、价格及其他交易条件

第三部分 业务规划

EPS系统效果

严密的过程管控是阳光采购的基础,开放、动态、适度竞争的供应商环境是阳光采购之本

采购全过程阳光透明
谁买了什么,从哪里买的,多少钱买的,全过程透明管理

结果可评价
通过纵向、横向对比,可以对集团企业各级单位的采购结果进行评价、考核,持续提升采购管理水平

过程可审计
商品采购的下单、审批、到货接收情况全程可审计,降低管理风险

订单可追溯
下单、物流、到货情况实时反映,效率提升

- 全过程阳光透明
- 结果可评价
- 过程可审计
- 订单可追溯

第 4 章 基于采购业务场景的整体规划

■ 引进间接材采购管理系统，实现采购管理可视化、合规化。

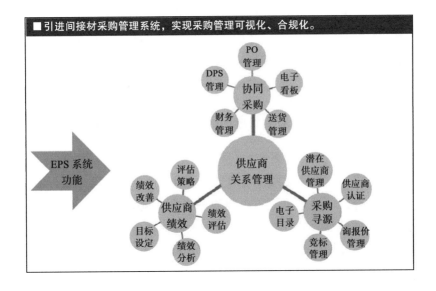

采购的流程运作效率。下页图展示的是某企业在采购申请、寻源定价、采购订单、收货、对账、通知提醒等方面在实施数智化建设前后的效果对比，实施后用户对非生产性采购的服务满意度提高了，整个采购过程中的效率也提升了。

5. 数字化商城采购

通过采购系统和电商平台业务流程整合的方法，建立"资源＋管控＋交易"三位一体的数字化商城采购平台。构建数字化商城采购平台，可以实现高效、便捷、智能化的一站式间接数字化采购。

下面就来详细说说"资源＋管控＋交易"三位一体的数字化商城采购平台。

- 资源：数字化商城采购平台可以对两类供应资源进行聚合，一类是第三方电商服务平台，例如京东、震坤行、西域等，另一类是企业自有的合作供应商资源。通过对这两类供应资源的商品信息进行集成，可以形成一个工业品超市，企业中有需求的人员可以很方便地进行物品选购。
- 管控：原有的采购部门负责具体需求的采购工作，在数字化商城采购模式下，采购部门负责供应商选择、集中谈判、产品标准化、商城运营支持、财务结算、对商品资源进行标准化和优化、设置企业需求部门允许选购的产品列表等工作。数字化商城可以降低作业流程的人为参与度，增加对流层的管控度，实现采购授权，需求部

	实施前	实施后
采购申请	从物料库选择物料,准确度差,需要手工进行申请分派。需求部门需要电话询问采购进度	准确判断申购物资,系统自动按照预设分工进行申请分派,实时跟踪采购进度
寻源定价	按需定价,定价频次高;需要手工将中标价格录入ERP	在内外部电商模式下可极大降低定价的频次,定价完成后,价格自动通过接口传递给ERP
采购订单	需要手工选择供应商,采购申请后完成订单创建,且订单需要通过邮件或传真手工发送给供应商,需要电话跟催订单	系统按照供应商的需求生成待订购列表,一键生成订单,自动发布订单,供应商在线确认,自动跟催提醒
收货	依据纸质送货单逐项收货	基于电子送货通知单,批量读取收货物料数据,直接确认结果
对账	需手工整理月度到货数据,挑选后进行对账	可按时间查询当月到货数据,一键生成对账单
通知提醒	很多关键业务点需要电话或邮件通知供应商	关键节点自动触发App、短信、邮件提醒

门可自助进行物资购买。
- 交易：在数字化商城采购模式下，企业需求部门经过部门领导对需求物资购买申请的核准后即可达成交易。一般可利用数字化平台实现电商订单、ERP 订单及合同的自动化处理，电商平台或供应商依据订购需求组织发货，整个交易过程可以实现全流程物流跟踪、业务跟踪，从而帮助企业利用社会供应链资源完成内部的采购服务工作。

如下页图所示，数字化商城采购可实现对社会电商平台的整合对接，同时又可将企业内部采购流程和信息化系统打通，实现"一站寻源、一站比价、一站下单、一键到货、一体管控"的运作机制，帮助企业降低流程和人员成本，大幅提升 MRO 物资的采购效率。

数字化商城采购模式有利于企业构建标品集采商城化采购体系，企业可以不断进行物资标准化工作，扩大商城的使用价值。数字化商城采购模式的具体价值如下。

- 通过建立数字化商城采购模式，企业可以便捷地引入第三方电商渠道，实现社会资源的整合利用。
- 企业将自有供方的商品信息数字化、目录化，在有效继承集采优势的基础上，将订购流程大幅简化，提高效率，在物资标准化程度高的行业可实现 80% 的采购金额覆盖。通过全过程的整合，将数字化采购系统的订单、交货、对账、付款协同流程与数字化商城深度集成，将外部资源和交易有效导入集团内部业务体系中，实现一体

第 4 章 基于采购业务场景的整体规划

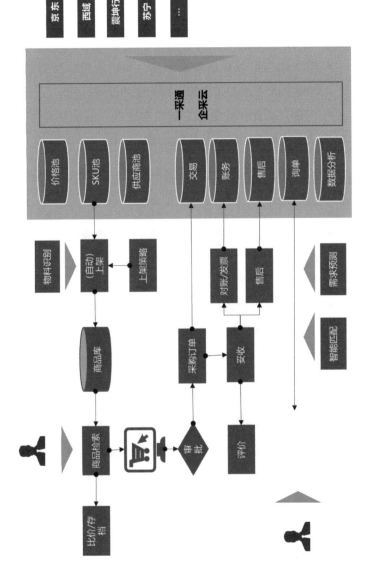

化管控。
- 变定期采购计划为随时随需购买。
- 向使用单位授权,由最终用户发起订购,最大程度缩短采购作业周期。
- 需求部门可以快速检索商品,实现所见即所得的订购,消除需求不准确带来的协调问题和浪费问题。
- 构建自动化作业流程,如自动审批、自动签署合同、自动生成订单、自动开票汇总等。

数字化商城采购模式在实施过程中需要注意的事项包括以下几点。

- 选择具有全国供应链服务网络能力的供应商。
- 在集团层面构建标准化工作职能。
- 在集团层面构建运营支撑职能。
- 避免回到比价、合规的老路,要精简供应商渠道,减少供应商,从而避免采购分散、对供应商的服务满意度低等问题。
- 与电商平台加强合作、沟通,不断进行商品优化和服务优化。
- 不断完善流程自动化能力,实现效率改善。
- 要构建新的内控机制,对数字化电商采购模式进行大胆推广和使用。

下页图所示是一家企业实现内部信息化系统与外部电商平台整合的作业流程。

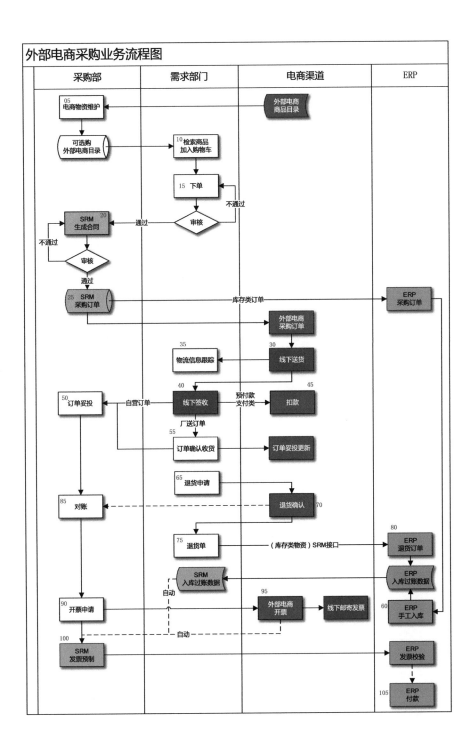

对不同类型采购业务场景的解决方案进行梳理，是推行数智化采购工作中难度最大但也是价值最大的工作，它就像建一座房子之前构思的蓝图，想好需求、设计好蓝图会非常艰难，但之后找合适的供方施工并不是复杂的工作。很多企业在采购数智化方面花了大量的人力、物力，投入了大量资源，最后却无法达到理想的效果，就是因为缺少这个环节。

最后提醒：**设计采购数智化方案前，一定要依据不同采购业务场景做好业务梳理，设计好对应的解决方案。**

第四部分 | PART 4
全景案例

- 第5章　Q集团以数智化创新推行集团采购
- 第6章　长城汽车采购数智化变革之路
- 第7章　电商企业震坤行如何建设数智化采购供应链

第 5 章 | CHAPTER

Q 集团以数智化创新推行集团采购

　　Q 集团是央企下属公司，国家重点支持企业，行业龙头企业，下辖 25 家分 / 子公司，先后荣获"五一劳动奖状""国企信息化 500 强""信息化和工业化融合示范企业"等荣誉称号，公司系列产品多次被认定为"国家免检产品"，商标荣获"中国驰名商标"称号。本章我们就来看看 Q 集团采购数智化创新的过程。

第 1 节　背景与挑战

　　在过去的 10 年中，Q 集团采购管理经历了从保障供应采购到专业化采购的发展过程,它们着重建设以专业化招标为核心的集团采购业务体系,建立专业招标职能科室,统一组织集团年度招标和日常招标业务,同时引入电子化招标平台,这在集团采购流程规范以及采购成本管控方面发挥了巨大的作用。

随着Q集团公司的产能快速扩张,加之采购方面面临的采购效率不高、降本不明显等困境,原有的以招标为核心的招标采购管理模式逐渐暴露出诸多问题,这主要体现在以下几个方面。

- 侧重招标业务管理,通过招标形成集团定价,未形成闭环的业务体系。对采购业务全流程的监督监管偏弱,同时无法有效、深入地整合供应链资源,集团采购的成效在执行过程中存在不同程度的削弱。
- 采购业务过程仍处于分散状态,各分/子公司的执行策略不一致,造成采购过程控制与库存成本控制难度增加。
- 供方管理取得了初步的成果,确定了"建立科学动态的生命周期管理体系"的目标,同时建立了对应的基础流程和程序文件,但在执行落地方面缺乏有力的系统和数据支持,因此难以达到效果。
- 在专业采购方面覆盖度不高,例如在物流、工程、服务、废旧物资竞卖等业务方面未实现全流程闭环管控。
- 在非生产性物资采购方面缺少科学的方法体系。用大宗采购的流程对此进行管理,不仅费时费力,而且管理成本与收益不成正比。采用授权管理,又缺乏对分/子公司业务的有效引导和优化,容易产生管控风险。
- 缺少数智化环境。集团采购扮演规则制定、管理监控、集采执行、过程管控、业务决策等多种角色，要在人员岗位精简的基础上，更准确、合理地完成这些复杂烦琐的管控、作业和决策过程，需要整合集团公司各个业务系统，建立数智化的业务环境，让业务过程更快、更显性、更聪明。

为了解决上述问题，Q集团不得不寻求突破和转变。

第2节 转型思路

2015年，"中国制造2025"和"互联网+"等新型经济发展形态出现，Q集团顺应潮流，开始进行变革创新。它们首先梳理自身存在的问题，借助行业先进集采理念，共同分析集采策略，广泛借鉴业内外先进经验，并确定了一个目标：充分利用"互联网+"技术，以"数字化采购交易平台"建设为切入点助推集团采购供应链的整体优化。

1. 管理

在管理上，坚持问题导向，践行"三精"策略（见下图）：构建体系促改革，组织精健强体魄；精准施策抓重点，管理精细提效率；明确目标转思路，经营精益增效益。

Q集团根据企业发展战略和集约化采购体系目标，明确定义集采业务机制，即明确了"6个集中"：采购集中、招标集中、交易集中监管、供应商集中管理、仓储集中共享、管控标准集中统一。通过集约化采购管控，实现采购业务的优势化、规范化、流程化、职能化、信息化、平台化。

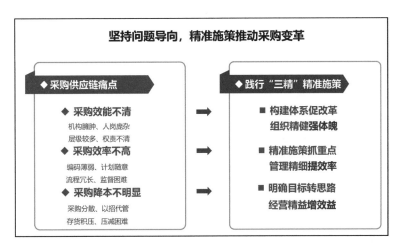

确立采购管控目标后，Q集团立足于打造精干的采购管理团队，开展"重构管理职责、重构组织机构、重构制度流程"三个重构改革，对采购、招标、仓储管理权责进行了全面整合，如下图所示。

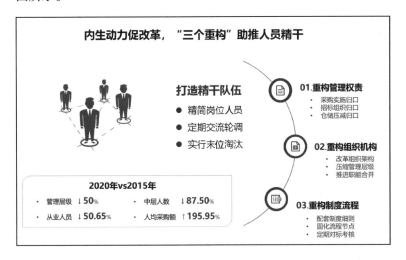

2. 组织模式

在组织模式上，Q集团选择了以"集管职能＋集采职能"为一体的"交易中心"模式（见下图）：在总部设立物流供应部和招标中心，实行两块牌子、一套人马的集约化管控。总部统一负责公司集约化采购管控体系建设，包括采购、物流、招标、仓储业务的体制与机制的优化完善，并牵头对公司支出类采购业务线上闭环运行进行集中管控。同时，集团在各子/分公司设立物流供应处。物流供应处采用矩阵化考核管理方式对集约化采购管控策略的具体实施与采购进行日常管理。启动管理层级的压缩和大部制改革，立足于制度管人、平台管事，结合信息化升级，同步开展制度修订和流程设计，配套定期对标和检查考评机制。五年时间，通过精简岗位人员、定期交流轮调、末位淘汰，较好地实现了组织精健的目标。

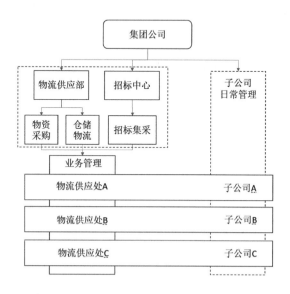

Q集团采用的组织模式能够较好地支持其对采购体系定义的"集约化、供应链优化、产业优化"进行中长期战略规划,将采购、招标、仓储等业务和集约化的管理有机统一,形成一套决策科学、运转高效的集约化采购管控体系,并有效驱动集团数智化采购交易平台的交易模式创新。

第3节 实施过程

Q集团在实施采购数智化创新的过程中,也有很多可圈可点的地方。下面就来复盘Q集团采购数智化的完整实施过程。

1. 明确职责

由集团牵头,Q集团从上到下明确定义了各层组织的采购管理及业务责权内容,如下图所示。

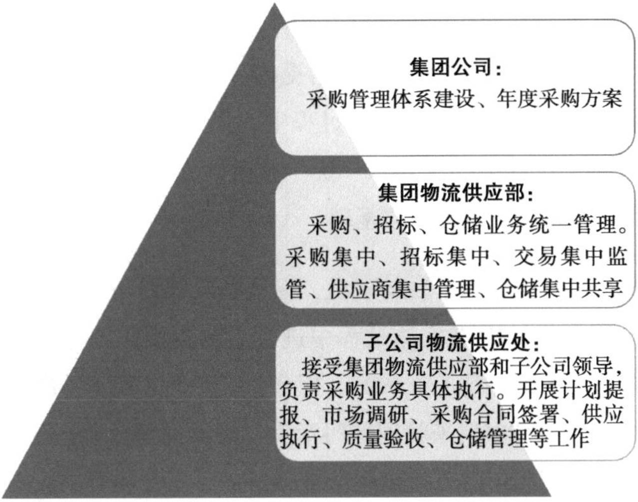

集团公司:
采购管理体系建设、年度采购方案

集团物流供应部:
采购、招标、仓储业务统一管理。采购集中、招标集中、交易集中监管、供应商集中管理、仓储集中共享

子公司物流供应处:
接受集团物流供应部和子公司领导,负责采购业务具体执行。开展计划提报、市场调研、采购合同签署、供应执行、质量验收、仓储管理等工作

在责权明晰的基础上，Q集团定义了明确的岗位分工（见下图）。将供应商选择权、价格确定权和货款支付权进行分置，按照"需求、执行、决策、监督不相容岗位分离"原则，合理划定了集采与授权自采范围；采购部门与需求、生产建设、使用、技术支持、监督等相关部门高效协同，将采购风险与内控管理体系纳入同步建设范围。

总部物流供应部	总部招标中心	子公司物流供应处
·制度建设	·年度招标组织	·分散招标组织
·采购对标	·分散招标监督	·日常采购实施
·集中采购	·交易平台运维	·采购计划把关
·业务监管	·供方集中管理	·组织质量验收
·价格稽核	·专家日常管理	·合同订单结算
·库存压降	·系统优化完善	·供方日常考评
·标准化	·主数据管理	·仓储日常管理

2. 标准化建设

Q集团决策者深刻认识到，要实现数智化采购体系，必须依托良好的标准化基础，所以他们提出"规范化、标准化、流程化、制度化"的要求。在建设过程中，集团投入核心专业力量，打造集团公司的标准化体系。统一梳理、定义采购业务管理制度，形成作业、流程标准化基础。

对于数智化采购平台的建设，标准物资数据是一个重要的基础。虽然企业ERP在实施过程中进行了物资编码的梳理，但这已经是数年前的事情了，系统运行至今，产生了很多不准确的物资主数据。于是由集采管理部门牵头，集团抽调分/子公司专业骨干，以脱产集中的方式梳理、整理备品、备件物资主数据，集中解决一物多码、一码多物、定义不清等问题。对物资进行详细描述以及实物图片整理后，形成了规范的备品、备件编码库。同时，建立物资编码审核小组，形成日常应用过程中的长效机制。对编码的梳理，为后续开展自动化采购流程、数智化决策、超市化采购提供了良好的基础，具体如下图所示。

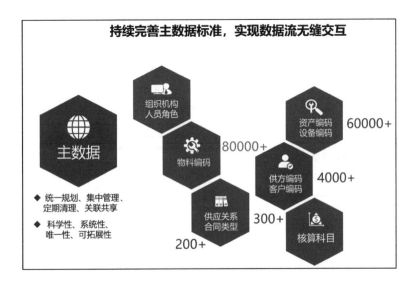

3. 设计采购作业模式

根据不同的采购业务类别，定义相应的策略化作业模式，以体现采购业务的专业化、策略化和规范化的平衡统一。既不因为标准化搞一刀切，也不因为兼顾了采购业务的复杂性而放松对合规统一的严格管控。

Q集团定义的策略模式及对应的执行方式见下表。

采购类别	计划模式	采购方法	采购模式
大宗原/燃材料	年度计划	集中/公开招标	集采目录/平台、线上
通用辅材及备件	年度计划/月度计划	集中/公开招标	超市采购/平台、线上
执行战略框架辅材、备件	年度计划/月度计划	集中/战略协议	超市采购/平台、线上
其他辅材、备件	月度计划/临时计划	招标、询价、竞谈/单一来源	自采自签/平台、线上
地域性原材料	年度计划	招标、询价(竞谈)、单一来源	自采自签/平台、线上
低值易耗品	临时计划	授权分/子公司自行采购	超市采购/平台、线上
工程服务、技改	立项预算/采购方案	公开招标、邀请招标、单一来源	平台、线上
废旧竞卖	竞卖方案	公开竞卖	线上

在数智化采购平台的规划中，Q集团也做了针对性的定义：

- 采购计划模式按业务类别分为年度计划、月度计划、临时计划、紧急计划。
- 采购方法包括集中招标、公开招标、邀请招标、战略协议、竞争性谈判、询比价、反拍卖以及来源受限情况下的非竞争采购。
- 采购模式包括战略采购、协议采购、批次采购、超市采购和平台采购、线上采购等。
- 执行方式包括按采购订单执行协同以及按采购合同执行协同。

4. 采购流程梳理与平台建设融合

战略定位、机制、组织模式以及作业模式确定后，还需要明确流程固化执行体系。Q集团将流程的梳理定义和采购平台的建设紧密融合，形成一个整体工作流程。从"计划→定价→合同→仓储→结算→供应商管理"的全业务过程出发，定义流程体系，形成4个闭环体系——采购计划到采购合同闭环、集采与自采执行闭环、采购执行到质检结算闭环、供应商表现到绩效评估闭环。同时，对关键业务环节，设置事前（策略）、事中（控制）、事后（追溯）机制，形成"采购计划源头把关、招标定价策略为先、标准合同统一输出、质量验收责权清晰、结算付款形成闭环、供方分级分类考评"的流程体系。

Q集团交易全流程数智化管控示意如下页图所示。

在数智化采购交易平台的建设上，做到"全品类、全流程、闭环化"业务覆盖，将流程、规则固化在数智化平台中，形成"制度管人、平台管事"的长效运行机制，如第149页图所示。

Q集团的这个体系的设计和建设过程给我们一个启示：**在平台建设中，要充分融合互联网、数字化技术的优势，融合得好可使业务流程事半功倍；要注意避免出现过度依赖技术的情况，即以平台技术体系为主来定义平台设计方案**。例如，如果觉得反拍卖方式快捷有效、降价效果显著，就将所有定价流程都反拍卖化；或者，因为商城化采购模式便捷直观，就将非生产性标准物资作为平台应用重点，忽略了对其他生产原辅材料、工程服务等更高价值的采购流程的落实。

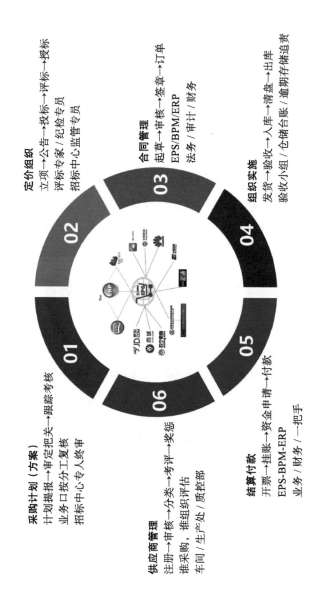

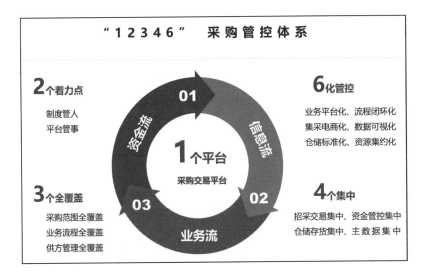

归根结底,集约化采购的建立是一个系统工程,目标是建设一个长效机制,要有对企业各个采购支出的整体规划以及全流程的覆盖。

5. 推进目录超市与电商化采购

基于目录的超市化采购为企业提供了一种新的采购模式:采购商品以目录形式发布,企业内部用户可以自行查看、检索商品信息,并发出订购申请。这种"有图有真相、随需随订购"的方式可以极大地精简传统的采购作业流程,提高运行效率。

Q集团在业务设计中,基于企业采购特征,引用并创新化运用了目录超市采购模式,将目录模式与非生产性标准物资、战略采购物资结合,形成了外部电商、内部商城两个采购体系。

外部电商用于整合在线的第三方电商渠道,利用电商渠道

SKU丰富、物流配送及时的特点，提高标准工业品、低值易耗品采购的效率。

内部商城则是先通过集团集采流程，就A类物资与供方形成战略协议，并将结果上架到内部商城，将订购时机、订购量等执行层的业务交给分/子公司决策。对集采结果形成在线的闭环执行流程，不仅可强化集采效果，还可保证作业过程快捷高效。

Q集团通过内部商城覆盖24类近2万种物资，外部电商整合了50类近200万种SKU商品，两者结合采购效率提升了70%。

Q集团践行数智化集采、电商化采购的流程和架构如下页图所示。

6. 供应商资源池优化与全周期管理

供应商管理是企业采购供应链管理的核心，在集约化采购体系中，Q集团对供应商资源进行了精准细分，构建起了数字化供方库，将供应商管理从传统模式提升到"资源聚集优化"和"全生命周期管理"的高度。为保持供应商全生命周期管理的连贯性，Q集团构建了以"寻源开发、分类审核、现场认证"为要素的供应商寻源开发体系，以及基于供应商日常履约记录和定期考评的供应商绩效评估体系。具体如第152页的图所示。

7. 库存优化管理

传统采购的目的往往以"储备待用"为主，Q集团在推行集约化采购过程中，打破了传统观念，积极倡导和推行准时化采购与供应商库存模式，以求持续提高采购计划的准确性与预见性，避免物资无序采购和无序备存，如第153页的图所示。

第 5 章 Q 集团以数智化创新推行集团采购

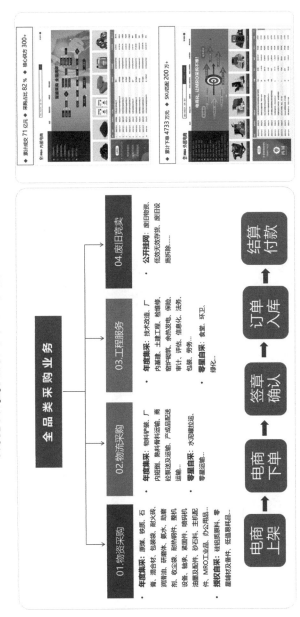

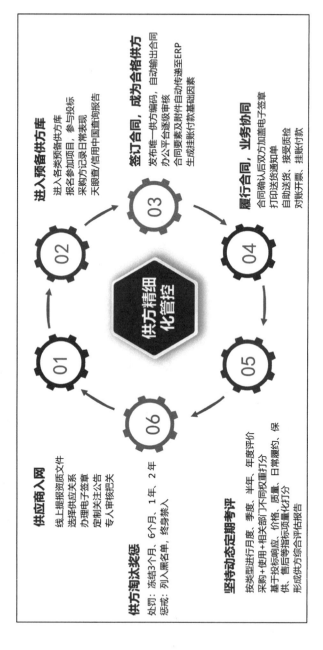

第 5 章 Q 集团以数智化创新推行集团采购

持续强化专项压减，高效盘活流动资金

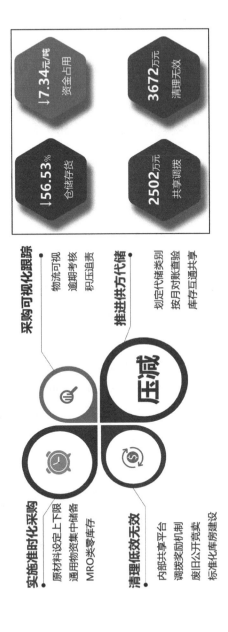

153

基于对设备备件物资数据梳理形成的标准化，Q集团通过数智化采购平台建立整机设备共享库，通过编码、图片、档案等数字化信息，推行通用设备备件的集中储备与共享调拨。

同时，集团按月通报分析库存结构数据，根据市场供给与价格变化灵活调整原材料库存，最大化压缩和降低辅助材料与备品备件库存。

通过网上竞卖、同行业洽谈等多种方式盘活无效库存。

第4节　创新与收益

在企业原有运行模式下，采购与供应链运行数据分布在各个信息化系统中。传统信息化过程中，需要将分散的系统数据整合，但通过技术手段聚集的数据往往都是散列的统计数据，无法体系化反馈业务整体运行状况。Q集团在集约化项目中，将供应链运行的数字化分析作为一项顶层目标来定义，他们对数据逐级分解，构建了一套多层级的运行指标体系，包括采购管理、集采招标、库存运行三大类指标。运行情况通过三级呈现（如下页图所示）。

- 决策呈现：6项运行概览及趋势指标，以大屏呈现。
- 管理呈现：19项KPI及风险预警指标，以数据面板呈现。
- 运行分析：近30项业务运行层的数据分析指标，以可视化图表呈现。

第 5 章 Q 集团以数智化创新推行集团采购

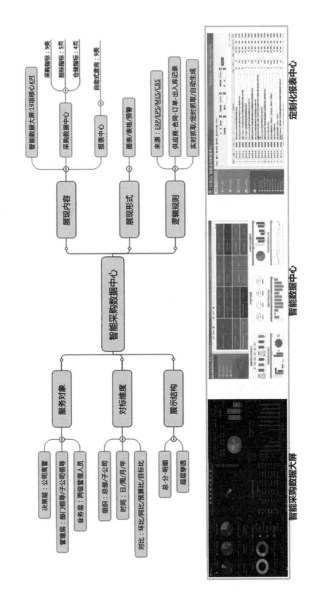

供应链数据中心的建立,使得Q集团在宏观决策、业务管控和运营执行3个层面都可以随时获得反馈,数据结果量化、准确、及时,使得数智化平台成为集约化采购运行的神经中枢和大脑。

Q集团对该项目在创新、创造、成本、效益等方面取得的收益统计如下页图所示。

(1)大幅节约了采购成本,累计节资数亿元。

(2)集约化采购管理体制与运行机制得到全面优化提升。组织集采责权得以清晰,增加了体系执行能力,在大幅提升集采率的前提下,业务效率也得到优化提升。

(3)实现了供应商资源的汇聚和精细化管理,实现了资源优化、扶优汰劣。数智化平台的建立,使供应商的管理能够量化、闭环化,管理体系更加科学有效,同时也吸引了大量的优质供方,这为Q集团向供应链增值方向转变提供了坚实的基础,如第158页的图所示。

(4)采购效率和交易便捷性得到快速提升。招标天数由以往每月5~7天减少为1~2天,采购周期由以往的25天减少至10天左右;紧急采购计划由每月10次以上减少为3次以内;内部管理和监察工作量也大幅减小;供应商需要到分/子公司现场的频次大幅较少;账务核对工作量逐渐减小。上述这些都为采购双方节约大量的交易成本奠定了基础。

第 5 章 Q 集团以数智化创新推行集团采购

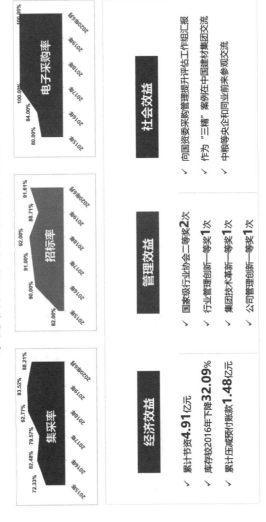

采购供应链创新收获多重效益

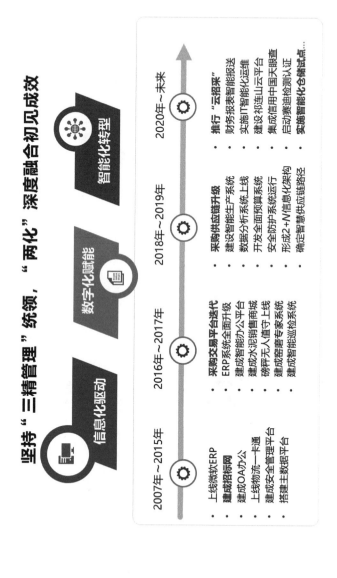

(5)仓储资金占用同比大幅下降。在集约化采购体系下,积极倡导和推行准时化采购与供应商库存模式,有效遏制了无序采购和无序备存,单位产出的资金占用大幅下降。

(6)建立了良好的采购文化。"互联网+集约化"构建的过程,将集约化采购体系和数智化采购平台的建立整合为一体化工程,这体现了充分利用互联网思维实现资源整合与优化配合的理念,提升了采购交易的集中与集成能力,可把之前分散在各分/子公司的相对零散的资源聚合到新的商业模式下。这既对外展现了公开透明、规范高效的企业采购文化,又获得了较好的成本优势与竞争优势;既建立了科学的采购管理体制和运行机制,又确保了采购交易在科学有序和风险可控的环境下高效运行。

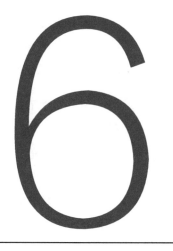

第 6 章 CHAPTER

长城汽车采购数智化变革之路

长城汽车股份有限公司是全球知名的 SUV 制造企业,目前旗下拥有哈弗、长城、WEY 和欧拉 4 个品牌,产品涵盖 SUV、轿车、皮卡三大品类,拥有 4 个整车生产基地。其中,哈弗连续 9 年蝉联中国 SUV 销量第一,长城皮卡连续 21 年蝉联国内皮卡销量冠军。

第 1 节　行业专家对长城汽车数智化变革的看法

在正式介绍长城汽车数智化变革的过程之前,我们先来看看业界专家对长城汽车数智化转型过程的看法。

三一集团有限公司高级副总经理袁春燕： 非生产性物资采购一直是困扰采购人员的一个难题，物资多、需求急、需求不清晰、供应商参差不齐、价格不透明、采购额不大，但人力消耗多、采购风险大，很难管理。长城汽车的采购数智化变革实践为我们带来了系统解决方案。现在我们也正在参照此方案推进三一集团非生产性物资采购变革，数智化让我们在非生产性物资采购方面实现"采购权上收、选择权下放、0库存"成为可能，让我们可以改变采购运营模式，从被动采购向主动采购转型，从事务性采购向战略性采购转型，从执行部门、成本部门向运营部门、利润中心转型。长城汽车的做法值得我们每一位采购人学习。

华为技术有限公司杨勇： 长城汽车的采购数智化变革之路值得借鉴。长城汽车从业务痛点入手，抓住数字化、电商化等理念，充分挖掘流程效率提升、信息便捷共享、人力成本降低等企业诉求，大大提升了采购透明度，降低了内控成本，提升了需求用户采购过程便捷度和企业竞争力，减少了用户不必要的困惑和沟通成本。

威高集团采购公司总经理段炜旻： 20世纪产生重大社会影响的生产方式都源自汽车行业。比如，福特的大规模标准化流水线生产，对整个工业产生重大影响，甚至催生了麦当劳等快餐业；二是丰田的精益生产，由此衍生的精益服务、精益医疗等全面开花。所以说，汽车行业的供应链管理水平是比较高的。全球知名的SUV制造企业长城汽车成功实现采购数智化变革的案例，也是值得学习的。我认为长城汽车的采购数智化变革在产业互联网实践中的显著亮点主要有两个。一是采用"以用户为中心"的系统理念,这表现在他们以满足"需求用户"为出发点和落脚点,将采购人员定位为服务者,在实施过程中始终重视用户体验;二是通过优化端对端流程、简化不增值环节、打通内外部协同、实现业务自动化,提升了价值链有关环节的效率。本人正致力于推动集团采购数智化转型,在此之际,能有长城汽车采购数智化变革作为参考,无疑是一件幸事。希望有更多的同人学习了长城汽车数智化过程后,将其实践到自己的企业中!

云南白药集团股份有限公司供应链运营中心总经理李春平: 长城汽车充分利用了数字信息化工具,使其在现代企业转型过程中发挥了重要作用。长城汽车还针对当前非生产性物资采购面临的问题,分级分类进行解析并提出了解决方案、制定了实施方法。数字化是这个时代背景下的一个工具,如何用好这个工具是每一个制造企业都需要思考的。数智化采购不仅是一个平台,更是一种思维方式,在实施数智化采购转型的过程中,数据本身并不产生价值,真正有价值的是以数据为基础,通过对数据进行分析进而产生的信息和行动。

看过几位专家的点评后,大家是不是已经迫不及待了?下面就正式开始介绍长城汽车的数智化变革之路。

第2节 长城汽车进行采购数智化变革的背景和动因

长城汽车为什么要进行采购数智化变革?这背后是有原因的。

愿景与目标

随着采购业务的发展和供应链管理的逐步升级,长城汽车需要更加规范的流程和更加便捷的服务,因此产生了拓展现有采购业务模式、升级现有采购平台、向采购数智化转型的需求。与此同时,数智化采购技术飞速发展,数智化被深入应用于采购和供应链各个环节,智能采购与数据洞察逐步成为核心竞争力。越来越多的企业实施数智化采购转型,利用自动化、网络协同和大数据等技术,赋能采购全业务模块和流程,以实现可预测的战略寻源、自动化的采购执行与前瞻性的供应商管理,最终达到最大化降低成本、管控风险、创新价值的目的。长城汽车也必须跟上技术迭代的步伐,对标全球领先企业,因此采购的数智化转型势在必行。其中,企业采购商城是需求驱动的智慧供应链模式,这种模式可以缩短采购寻源和执行周期,可持续创造价值。

因此,长城汽车制定了采购数智化变革的总目标:立足于长城汽车现有采购管理平台,设计和建设规范、高效、集成、智慧的采购与供应链管理平台;持续降低采购综合总成本;通过创新采购模式和优化采购业务流程来降低运营成本;以持续稳健的供应链来支撑长城汽车的发展,并依此提高长城汽车核心竞争能力。

面对的困难

笔者曾走访过国内十多家汽车公司,还曾经在两家汽车公司做过采购业务顾问,以笔者的个人经验来看,在这些汽车公司里面,长城汽车的采购信息化水平已经是国内数一数二的了。但是，长城汽车过往的采购信息化建设，更多是从采购管理的视角、从采购合规的视角来进行的，具体到应用中仍然存在很多的实际困难。总结为一句话就是：长城汽车公司非生产性物资采购缺少协同平台，需求部门、采购部门、供应商之间沟通效率低下，已不能适应企业规模增长带来的新要求。

项目组针对长城汽车非生产性物资采购进行了问题盘点。这里主要列举5个方面的困难。

困难一：采购需求描述不准确。

过去，用户可以在信息化系统里面提采购申请，几万名公司员工无法形成一个统一、规范、标准的需求。采购员收到需求之后，感觉需求部门提报的采购需求描述很不准确，有些没有品牌、型号，有些对名称、用途的描述使用的是自己习惯的词（别人看不懂），有些用户提交的信息甚至是直接从网上复制过来的。这直接导致了两个后果：

（1）采购买错、报错的概率较高，仅一个部门就曾出现在一年内发生50多次买错的情况。

（2）二次确认采购需求耗费采购员大量的时间。

困难二：需求用户无法查询协议价格。

过去，需求用户在提报采购需求时，只是知道有这样的需求，对价格几乎一无所知，需求的审批人也看不到价格，不知道价格水平，只是对"是否有必要"进行评估。采购人员接到采购需求之后，也只会对采购需求描述的准确性进行核对。这样就会导致一个问题，也许 100 元的 A 物资就能解决的问题，结果购买了 300 元的 B 物资来满足用户的需求，用户甚至不知道有 A 物资的存在，即使知道有 A 物资也不知道 A 物资只要 100 元。采购人员也没法判断 A 物资其实是可以替代 B 物资的。

困难三：多系统操作与线下操作并存，流程烦琐。

在过去，虽然有了采购管理系统和 ERP 系统的支撑，但是并没有解决在线协同问题。凡是涉及用户提交订单、收货、对账等采购业务主流程的，都会涉及多系统操作与线下操作，采购流程烦琐。

困难四：发票复核的工作量大，要人工做三单匹配。

由于是线下对账，对账之后，要按照长城汽车的财务要求，对涉及入账公司主体不同、业务单元不同、费用类型不同、发票限额不同、税率不同等因素的发票进行拆分。开具发票后，还需要与具体的订单、收货记录进行匹配。发票复核的工作量比较大，其中需要人工核对的工作量也比较大。

困难五：闲置物资处理途径单一。

过去，按照长城汽车内部规范，集团内部的呆滞物资、大型资产均需要通过招标处理，途径单一，对于小型资产的处理更混乱，根本无规范可言。

（1）2019 年之前，长城汽车的闲置资源仅依靠 OA 平台进行共享盘活及招标处置，OA 平台闲置物资信息以表单形式存在，时效性和准确性均无法保证。这样的处置方式不仅渠道单一、处置周期长，而且存在很大的不确定性，严重影响了集团内闲置物资盘活。

（2）对于长城汽车这样的多组织、多区域的大型集团来说，缺乏闲置物资信息交互平台，信息交互不畅，会导致集团一边在采购新的物资，一边在闲置浪费，给企业带来损失。

（3）闲置物资仅依靠内部协调或招标进行盘活，未充分挖掘合作供应商对集团内部原材料及产品的需求，导致闲置物资盘活目标受众范围小，信息传递局限性大，资产盘活效率低。

综上，长城汽车需要一套解决办法和工具来拓展渠道，支撑内外部业务交互，促进集团资源盘活创收。

对采购数智化变革项目的具体要求

长城汽车采购数智化变革第一阶段的工作是将现有的企业采购商城，与已经建设的采购管理平台、ERP 平台、OA 工作流进行整合。根据实际需求以及相应规则来配置操作办法、流程及权限，搭建新的企业采购商城。新的企业采购商城主要用于企业电商化采购、目录化采购、自助式采购，实现对商品、商品池、价格、预算、采购单申请、采购单审批等的控制。以商城模式进行采购可实现后续订单的协同，包括对订单发送与确认、发货、物流、收货、对账、结算、评价等进行全流程信息化操作，同时实现了全流程可追溯。

新的企业采购商城要满足以下要求：

- 采购的全国化集中管理需求要借助企业采购商城手段去实现。
- 借助企业采购商城,进一步提升集团的协议化采购比例。
- 企业采购商城应可以支持多个不同的采购组织同时对商城进行运营,包括价格管理、商品管理、商品上下架、订单管理等。
- 企业采购商城可以设定权限,比如可以设定每个采购组织上架的商品范围,可以设置商品是被全集团所见还是只被该采购组织服务的事业群、工厂所见。
- 需要在有结构化数据支撑以及明确了规则的环节,尽可能多地应用 RPA 技术实现自动化执行,以降低用户的事务性工作量。
- 企业采购商城要可以支撑闲置物资和库存物资的可视化领用。
- 电商化采购是企业采购的必然趋势,企业采购商城要可以支撑与第三方企业购电商的系统对接。

第 3 节 项目落地方案

从需求侧驱动,长城汽车企业数智化采购整体解决方案以 4 条主线的形式呈现,如下页图所示。

主线一 自助采购(电商化的协议采购)。采购员应将主要精力放在寻源和丰富货架商品上。需求用户自助寻找商品,采购申请、订单过程自动化执行。

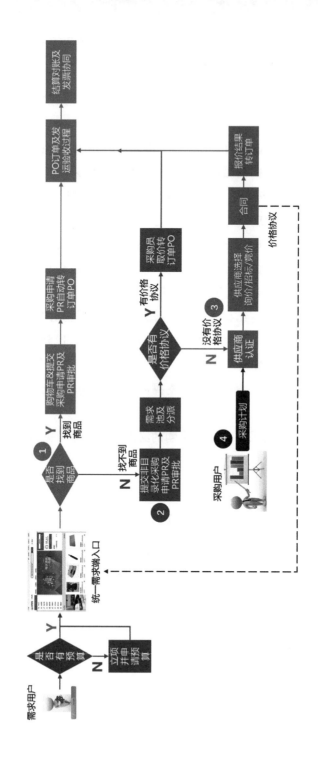

主线二　**非目录化的协议采购**。物资有价格协议，但是没有形成商品，也没有上架（或用户没找到）。由采购员人工匹配价格协议并将其转为订单，进行订单履行。

主线三　**非目录化的寻源采购**。没有价格协议，依据采购申请进行寻源采购，包括供应商认证、选择、合同签署等过程，由采购员谈好价格后，下订单给选择的供应商。

主线四　**采购计划**。需求不是由需求部门发起的，而是由采购部门根据历史采购数据发起的，然后采购部门会进行寻源，与供方谈好价格后将商品上架。

1. 企业采购商城主流程

企业采购商城主流程的整体示意如下页图所示。

采购商城主流程如下。

（1）采购商城本质上是协议化采购，因此，首先需要有价格协议，无论是按物资来定义的价格协议，还是框架性的折扣价格协议。价格协议是采购商城的基础，有的企业也称之为价格库，而国外大多称其为 BPA（Blanket Purchase Agreement，一篮子采购协议）。

（2）供应商可以查阅与自己相关的价格协议。供应商通过供应商工作台上传商品的图片、描述、库存数量等关键内容，与价格协议进行挂靠。供应商不可以更改价格协议，价格是由采购方掌控的。

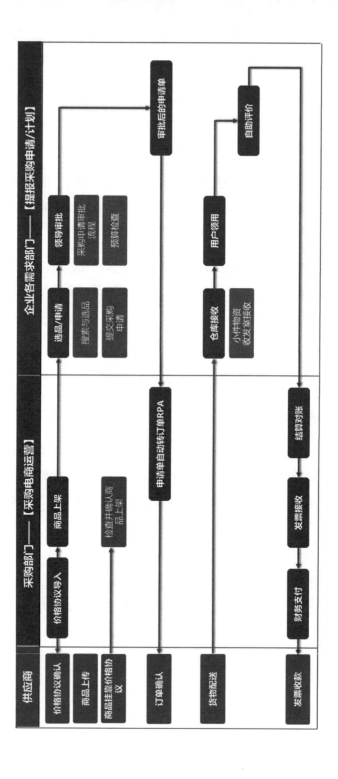

(3)供应商完成商品的创建之后,将商品推送到采购方,在待上架的商品池中,采购方的运营人员可以查阅到商品的内容。

(4)采购方的运营人员在待上架的商品池中进行商品的筛选和查阅,然后对商品是否上架进行审核。审核通过的商品,将呈现给公司内的需求用户;审核不通过的商品,退回给供应商进行修改。

(5)需求用户像逛"淘宝"一样在采购商城中搜索或者选择产品,将自己需要的商品加入购物车(购物车本质上是一个商品暂存地)。

(6)需求用户对购物车中的商品进行二次挑选,然后将选中的商品加入采购申请单中,填写申请单位、申请理由、需要收货的地址、收货人、期待到货的时间等,需求用户检查采购申请单,确定并提交。

(7)需求用户提交采购申请单后,需求部门的领导审批;用户可以实时追踪审批过程,审批状态包括待审批、审批通过、审批不通过。

(8)采购申请审批通过后,根据RPA引擎的设定,自动将采购申请转成采购订单,然后直接将订单发给供应商;需求用户可以追踪订单过程、供应商发运过程、物流详情等。

(9)一旦物权发生转移,就形成采购的应付流水(在供应商侧是应收流水)。买卖双方可以根据实际情况进行协商并对应付流水涉及的价格、税率等信息进行调整。

（10）如果是月结方式，在约定的结算周期内由采购方依据应付流水形成对账单，由供应商在线确认。

（11）供应商依据采购方的开票通知，创建预制发票，按照相应票面限额、税率、业务单元拆分要求等，预制生成多张发票，并按照预制发票的内容开具纸质发票，然后将发票号码等信息填入系统中。

（12）采购员无须进行三单匹配，系统已经自动完成了。采购员只需要审核发票信息，并查看纸质发票的快递进度并接收纸质发票。

（13）采购员提交纸质发票到财务部门，采购商城自动推送三单信息到财务系统中形成发票凭证。

（14）接下来就是财务的付款审核和支付流程，完成支付后，将支付信息回传到采购商城，采购员和供应商都可以实时了解支付的结果信息。

采购商城实现了采购需求端用户、采购端用户、供应商端用户三端实时在线采供协同。采购商城专注于企业非生产性、通用、协议类物资，实现目录化、自助化采购，主要为需求端用户提供选品、提交采购申请、查看审批进度、收货及物流跟踪等在线服务。采购商城的协同平台专注提高企业与供应商之间的采购执行协同效率，为采购端用户提供价格协议管理、商品上架管理、采购申请管理、订单管理、对账、发票、支付等在线业务流程；为供应商端用户提供价格协议确认、商品上传、商品挂靠价格协议、订单确认、货物配送、对账发票等在线服务。

2. 采购商城与已有系统的协同对接方式

采购商城与已有系统的协同对接方式示意如下图所示。

如下页图所示，所有的数据流传递通畅，无须进行二次数据录入。

（1）在采购申请环节，与 OA 系统进行对接。将采购申请数据传递到 OA 系统，审批完成后，再传回到采购平台。

（2）在入库环节，与 ERP 系统进行对接。将订单数据传递到 ERP 系统中，在 ERP 系统收完货，将收货信息再传回到采购平台。

（3）在结算环节，与 ERP 财务系统进行对接。将三单匹配的信息传递到 ERP 系统中形成发票凭证。

3. 价格协议解决方案

价格协议解决方案如下图所示。

1 普通供应商　固定价格协议	3 按收货自然区域　区别定价的价格协议
√ 针对普通供应商，在一个月、一季度、半年、一年的价格有效周期内，商品的价格为固定价格； √ 如某供应商的 A 型墨水，一年内都是 15 元的价格。	√ 收货地为不同省份、城市，运输成本影响比较大，因此按照不同的收货地点进行不同定价； √ 如送江浙沪就 15 元，送黑龙江、吉林就 20 元。
2 电商型供应商　固定价格协议	4 数量阶梯价格协议
√ 针对电商型供应商，在一个月、一季度、半年、一年的价格有效周期内，商品的价格为固定价格； √ 如某电商的 B 型墨水，一年内都是 12 元的价格。	√ 因单笔订单所涉商品的数量不同，而价格不同的阶梯价格协议； √ 如印 100 份的试卷为 1.2 元/张，印 10000 份试卷就 0.2 元/张。

价格协议是商城采购中物资与商品相关联、价格取值的基础。价格协议主要包括如下几种。

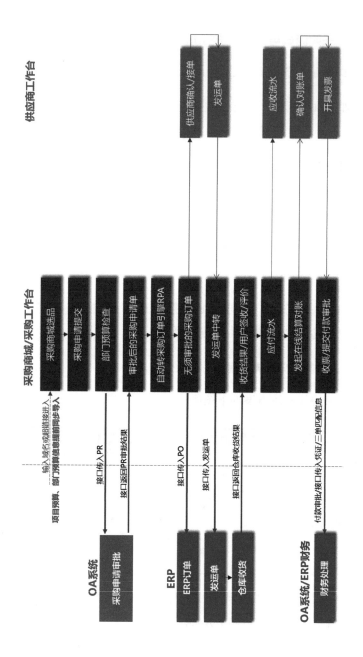

（1）**标准固定价格协议**：企业与供应商之间签订定期协议，价格在有效期之内保持固定不变，用户下单统一按照协议中固定的价格进行结算。这种价格协议对应着上图中 1 和 2 两种固定价格协议。

（2）**阶梯价格协议**：企业采购量较大时，一般与供应商约定在有效时间内，依据采购订单的数量按照阶梯价格进行结算。

（3）**按收货仓区别定价的价格协议**：由于工厂数目较多，一般会跟供应商按照收货仓分布的差异确定不同的价格协议，例如按照工厂、事业部或者办公地点的不同，需要建立不同的价格标准。

4. 集采和分采并存的解决方案

集团采购组织与各个业务板块的二级采购组织共用一个采购平台，如下页图所示。

通过采购组织的设定来解决集采和分采并存的问题。假定 Y 采购组织代表集团采购部，那么 Y 采购组织上架的商品，全公司所有员工都可以看到；假定 A 采购组织代表天津整车厂的二级采购部门，那么 A 采购组织上架的商品只有天津整车厂的用户可以看到。

5. 闲置物资领用解决方案

对于企业内部很多闲置资产，可以借助采购商城的可视化、可搜索功能，实现内部资产的二次利用或流转，如第 177 页图所示。

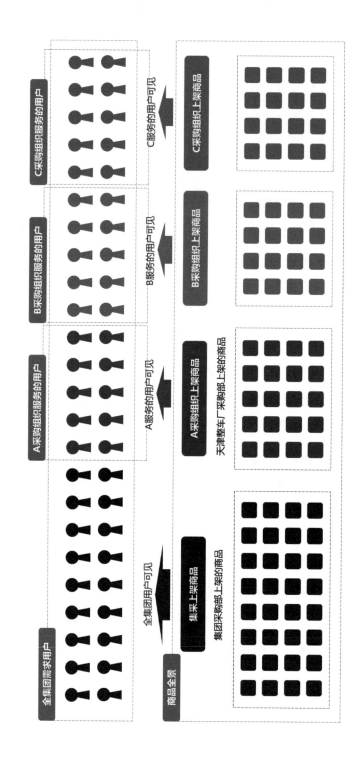

第 6 章 长城汽车采购数智化变革之路

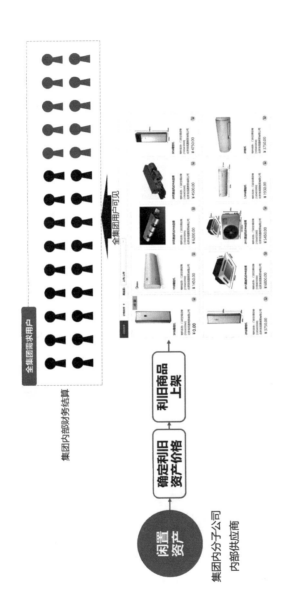

闲置物资通过在商城共享，可以向需求人员提供更直观的物资信息，包括物资分类、详细的规格型号、图片、物资介绍等。需求用户可以通过采购商城提供的搜索、查看等功能了解所需闲置物资的情况，并提交意向订单。闲置物资管理员可第一时间在线查看订单情况，进行订单的跟踪及确认，这样可以大大缩短交易周期，提升效率，使企业闲置物资盘活数字化、在线化。

6. 移动端解决方案

企业中有一部分员工并没有配发电脑，但是即便有电脑的员工，也会因工作性质的原因导致其不能常在电脑前，这都会降低效率。因此，可以考虑使用移动端来完成提报需求、收货评价等操作。需求侧移动采购商城解决方案如下图所示。

长城汽车基于 HTML 5 来构建移动端的应用，这样可以快速与钉钉、微信或其他企业 IM 工具进行集成，应用具有良好的跨

平台兼容性。

7. 员工商城解决方案

由于企业体量大，集采的价格低，因此可以考虑将这些物资以企业采购价输出给员工个人，让员工个人也能享受到企业的集采价。员工商城与运营示例如下图所示。

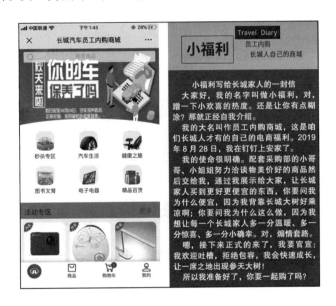

员工在企业商城采购，享受公司与供应商达成的协议价格。企业与外部供应商谈妥的协议价格，除面向集团内部的各级组织以及分／子公司的非生产性物资采购外，还可作为员工福利面向全体员工的个人性采购，使员工能够享受较大价格优惠。员工直接面向供应商下单，先款后货，完成支付后供应商实现点对点配送。

第 4 节　第一阶段取得的成果

长城汽车采购数智化变革第一阶段用时 110 天，变革从集团采购部和三大整车厂开始，并逐步推广到全集团，最终覆盖全集团 7 万多员工，打通了 ERP、OA 等多个系统几十种数据。在这个过程中涉及 1000 多家供应商，覆盖所有的非生产性物资，商品数量超过 10 万，超过 95% 的非生产性物资在采购商城下单。长城 e 购首页如下图所示。

长城汽车的这次数智化变革,在采购业务方面效果明显。

(1)**采购周期大幅缩短**。这个是采购业务从被动式采购变成主动式服务最直接的体现。针对协议合同物资,过去用户自行收集需求,然后提交给采购部门,采购部门进行分单并转给不同的采购员,采购员再下订单给供应商。现在不一样了,用户针对协议合同物资,在商城里自选商品,采购申请经过领导审核后,通过商城自动转化为采购订单,实时传递至供应商。对于供应商来说,送得快的,今天下单明天就到了货;送得慢的,7天左右也能送到了。因此,需求用户从提出采购申请到拿到货物,短则1~3天,长则1周左右就能拿到所需物资。相对于过去,速度方面的体验大幅提升,真正体现了"即需即采,即采即用"的价值理念。用户对转型后采购部的满意度非常高,曾经有用户用"打开了新世界的大门"来形容。

(2)**买错率几乎为0**。过去,用户看不到商品详情与图片,买错率最高能达到15%。使用采购商城后,买错率几乎为0,真正体现了"所见即所得,有图有真相"的价值理念。这一点可减少采购部门的无效劳动,以前买错了又要重新买,买错了要退货,退货还要涉及对账、结算、红字冲销等。而且任何采购员都不喜欢做这样的工作,供应商更是不愿意。

(3)**电话问询量减少90%**。用户通过长城e购的"我的商城"工作台,来进行审批状态、订单状态、物流状态的实时跟踪,信息获取及时率达100%。因此,采购咨询受理量、电话问询量大幅下降,其中电话问询量减少了90%,这样大大减少了采购员的无效劳动时间,采购员的正常工作节奏被打断的次数越来越少,真正体现了"随时查,查得准"的价值理念。任何采购员都不愿意每天接信息追踪相关的电话。

(4)内部"代购"大幅减少。按理说企业内部每个员工都可以拥有一个账号,但不是每个人都有采购需求。为此,长城汽车为每个工厂的班组、每个小部门、科室,都分配了一个账号,"人人都可以"来提报采购需求。所以,内部"代购"就自然没有存在的必要了。真正体现了"选择权下放,需求下沉"的价值理念。当然,这里还存在一个过渡期,还存在少量的内部"代购",存在由他人替需求用户在采购商城里面选品下单的情况。

(5)不需要采购员来下订单了,转单耗时几乎为0。过去,采购部门需要人工来分单、下单,由于平均每单耗时比较长,所以工作量积压情况严重。现在不需要了,只要明确了规则,加上结构化的数据,用RPA引擎来自动转订单,订单就可以自动发送给供应商,每单耗时几乎为0。而且这部分采购工作本身也是低附加值的,所以采购员可以转岗去做高附加值的采购工作,比如采购运营、寻源策略、供应商管理等,真正体现了"自助化,自动化"的价值理念。当然,也不是说就完全不需要采购员了,这里还会存在一些采购纠纷、退换货、采购客服等工作,不过比之前大大减少,实实在在地为企业提升了效率。

(6)全面互联网化,5个协同,1个移动端。5个协同包括订单协同、发运协同、物流协同、对账协同和发票协同,采购员与供应商之间完全通过互联网的方式,在线完成交易。1个移动端实现了紧急问题或者人员移动办公等业务场景的随时随地响应。

（7）对账从每月10天减少到3～4天。采购商城自动根据收货数据产生应付暂估，供应商也可以实时查看应收流水。如果有疑问，随时可以进行协同解决。采购商城也支持供应商在线提交预制发票，按照规则自动进行账单拆分和三单匹配。用户反馈"过去10天的对账工作量，仅需三分之一的工作时间就可以完成"。

（8）集中化采购比例大幅提升。集采组织在买，分采组织也在买的情况大幅减少。长城e购作为一个集采的工具抓手，将企业聚量议价的能力充分体现出来了，在潜移默化中，就实现了"采购权上收"这个核心价值。集采比例的提升，直接帮助企业降低了直接采购成本。

（9）"内部闲鱼"盘活6000多万资产。长城汽车也是典型的制造型企业，内部呆滞物资、闲置资产数量庞大。这些物资过去"看不见""找不到"，如今通过"内部闲鱼"可以实时共享，"一边买新的，一边闲置浪费"的现象得以杜绝，企业资金的盘活得以实现。

第5节　思考和期待

长城汽车采购数智化变革第一阶段完成后，企业进行了复盘和总结，得出了如下结论。

（1）在这次变革中取得了如下成绩。

- 搭建了电商运营组织，培养了一批优秀的电商运营人员。

- 培训了优秀的项目管理和采购数智化领域专业人才。
- 引入了互联网行业的项目管理经验。
- 对外的项目签约流程、对内的上线发布以及对外的项目宣传被其他项目借鉴，积累了经验，树立了标杆。
- 积累和优化了项目管理体系，完善了从合同签署、项目启动、方案制定、数据收集到项目上线各个阶段的规范文档体系。
- 增进了与外界的交流。项目团队参加阿里云北京峰会交流，与其他公司交流采购数智化创新实践，并通过项目与伙伴单位建立业务关系，为未来将优秀伙伴引入采购商城平台奠定了基础。

（2）长城汽车通过复盘和思考，认为该项目还有如下可以改进的地方。

- 本项目包括了企业采购、员工内购、呆滞物资盘活等几板块，项目范围大，但是项目周期短，所以采用了分批次迭代上线的策略。首次上线满足了最小闭环业务，后续逐步迭代。系统功能的完善需要一段时间，在此过程中有些功能节点的体验不佳，迭代过程中曾给用户造成一些困扰。
- 本次推进的采购需求下沉并不彻底，在三大整车厂中还存在不少采购申请是通过报料员"代购"、报料员 Excel 批量导入来实现的，没有最大化发挥采购商城平台的价值。

第 7 章 CHAPTER

电商企业震坤行如何建设数智化采购供应链

震坤行工业超市（上海）有限公司（以下简称"震坤行"）是一个通过数字化的网络协同，实现透明、高效的一站式工业品采购的平台。简单来说，震坤行是为工厂提供一站式 MRO 采购服务的电商平台，目前已服务超过 18000 家行业先进客户，由于业务增长迅猛，被评为"2020 新经济独角兽"。

第 1 节　震坤行进行采购数智化变革的背景和动因

对客户而言，MRO 工业品物资一直存在着 SKU 繁杂、紧急需求多、计划性不强、库存难以管理等特点。有企业统计，MRO 零星采购金额占其全类目采购总金额的 2%，但是用于管理的时间却占到了总耗时的 60%，消耗巨大。震坤行为客户提供一站式 MRO 采购服务，解决了客户痛点，帮企业实现了快速增长，但自己的供应链运营却面临着巨大的挑战与压力。

挑战一：SKU 众多，管理复杂度极高。 震坤行目前拥有包括个人防护、手工具、紧固密封件、仪器仪表、车间化学品等在内的 28 个优势品类，SKU 数量超过 400 万，而且这个数量随着客户增加还在不断攀升。不同的 SKU，其场景、特点和客户要求也不同，后端的采购具有很高的复杂度。下图是震坤行的 28 类 SKU 不完全列表。

挑战二：客户对交付的要求是准、快，但由于客户采购申请的提出缺乏计划性，往往一旦提出就是急单。对震坤行的供应链而言，用人力去协调众多供应商的交期几乎是不可能完成的任务。而震坤行管理层又极重视客户体验，每天由高层参加的客户体验会议几乎变成供应链的投诉与解释会议。这就意味着震坤行采用的偏敏捷型供应链，对上下游高效协同、快速反应要求极高。

挑战三：供应商响应的意愿、信息链接存在问题。不同品类的 SKU 需要不同的供应商支持，所以震坤行供应商数量庞大。据震坤行供应链部门的统计，400 多万 SKU 中的 73%，一年只采购 1 到 2 次，其采购额占供应商销售额的比例很小，震坤行对这类供应商的黏性与影响力较弱。当想用信息化系统链接这类供应商时，他们积极性不高，维护数据的及时性、配合度比较差。

总之，制造型企业工业品运营是一门大生意，拼的是供应链管理，而数智化就成了应对上述挑战的必然选择。震坤行创始人兼 CEO 陈龙表示："要建立一个平台化的组织，对企业有一个最基本的要求就是进行数智化。必须要快速解决我们自己对数智化的要求，只有这样才有可能给上下游、给我们的合作伙伴赋能。"数智化采购将助力企业更好地实现业务价值，决胜数字时代。

第 2 节 数智化供应链策略与整体规划

在战略落地上，震坤行供应链负责人李俊雨与负责供应商生态合作的王亚龙，将供应链管理策略总结为四化——生态化、阳光化、专业化与数智化。生态化指的是针对外部合作伙伴，将自采与供应商生态合作相结合，形成供应商生态系统；要形成生态，必须推行规则的阳光化，包括减少人为干扰供应商的评价与订单分配规则，为供应商构建公平公正的发展与竞争氛围；这些规则的设计与供应链能力与绩效的提升，需要专业化团队；而前边所有内容要想成立，都需要数字化的支撑。数字化再进一步升级就是数智化。

震坤行将供应链数智化网络整体规划分为3个层级，分别为客户平台层、中台层、商家平台层，分别对应客户、企业中台与供应商（下文的商家指的都是供应商），其结构见下图。

（1）客户平台层：为终端工厂、经销商提供数智化采购服务，包含智能询报价、一站式下单、交易全链路管理等端到端的服务。客户可以通过多种方式获得行业场景化解决方案，快速高效地搜索商品、这可以简化客户选型流程，从而提高采购效率。主要的数智化服务包括如下几个。

- 震坤行官方网站，全网客户可查询工业品、商品全目录及行业解决方案，并通过轻量级的工业品线上交易标准流程购买产品。
- 震坤行尊享版 Webshop，可为企业客户快速定制专属的工业品采购商城。

第 7 章 电商企业震坤行如何建设数智化采购供应链

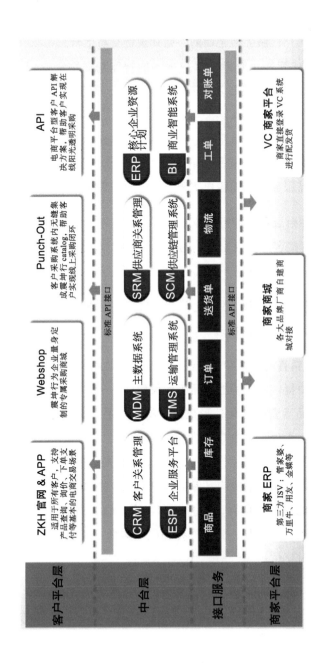

- 工邦邦，服务经销商的一站式现货交易平台。
- EVM 智能小仓库，客户现场的智能物联物资管理设备，通过智能补货预测，现场领料下单，帮助客户实现零库存管理。
- 震坤行客户开放平台，通过 API、Punch-out 等对接方式，在客户电商采购平台或企业 ERP 中为无缝集成的震坤行产品服务，帮助客户实现阳光透明的采购管理。

（2）中台层：震坤行企业中台，通过业务中台和数据中台两大能力，连接客户、商家两端的信息流、物流与资金流并对其进行管理，以实现工业品一站式交易全流程服务。

业务中台构建四大数字化服务，这几大服务可提升震坤行作为平台级企业的经营效率。

- **2B 销售能力数字化**：保障一流、高效的销售组织，为 2B 客户提供专业的工业品服务采购。
- **商品运营数字化**：形成工业标准商品，为商品寻源、交易、管理、运输等提效。
- **交易流程在线**：从客户到企业内部多角色，再到外部供应商实现高效协同，保障客户采购体验。
- **智能履约**：结合市场预测和客户洞察，高效、经济地调度震坤行库存、商家库存和配送网络，实现工业品快速、准时交付。

数据中台依托于数据仓库和算法平台，为企业提供各类大数据及 AI 服务，如搜索、推荐、知识图谱、BI 经营决策等。同时，数据中台还服务于客户、商家平台，为上下游合作伙伴提供经营数据、采购报表等服务。

对于商家平台层，为了更好地支持采购全流程数字化，震坤行通过商家平台与商家更高效地进行服务及互动。商家可以可访问震坤行商家平台（VC），或通过 ERP 直连震坤行商家开放平台，从而高效管理自己发布的商品及其库存、订单、物流、财务等。同时，震坤行商家平台也向商家合作伙伴提供了各类赋能服务，将震坤行平台具备的工业品物流履约能力、大数据分析能力等变成可以帮商家提升经营效率，优化成本的武器，例如，基于震坤行供应链的物流能力为商家提供的发货助手服务，就可以帮商家一站式解决标准的 B2B 物流配送问题，使商家实现降本增效。

震坤行认为，对于类似工业品这样具有复杂的长链条的供应链网络，单个节点的数字化提效无法提升产业的整体效率。为了实现"透明、专业、降成本"的战略目标，震坤行为上游的商家、下游的客户开发了"企数采"以提供 SaaS 服务，助力客户和商家进行内部工业品经营。在客户平台层，企数采通过采购商城、采购寻源、采供协同、运营管理、采购大脑五大解决方案，帮助企业规范采购流程，降本增效。面向供应市场，企数采全面助力商家销售服务，提供海量商机，并通过 SaaS 工具＋咨询服务＋代运营服务的模式，帮助商家提升工业用品数字化经营水平。

为了丰富 MRO 产品库的 SKU，同时提升区域供应商服务能力，震坤行专门成立生态合作部门（称为商家平台），助力实力派商家入驻平台，创造更多生意机会和更开放的参与路径。2020年9月震坤行在商家平台上线了商机中心，为所有商家开放30余个品类真实订单，同时对商家进行定向短信和邮件提醒。让所有商家有机会发挥自己的能力优势，进行商机竞价。有资质的商家均可参与商机中心，竞价优胜即可获得订单。

震坤行通过商家平台业务流，激发商家自主运营。商家平台协作主流程包括商家入驻、商家成长中心、商品管理、商机中心、订单中心、大数据报告与系统对接，如下页图所示。

震坤行还不断通过供应商端积累核心数据资产，并进行大数据的分析与处理，以做出更好的客户与供应商规则，促进生态更好发展。

在系统对接上，商家平台的核心是完成4类信息对接——商家商品信息、库存信息、订单处理信息与物流信息。对接方式主要有4种：震坤行对接第三方ERP厂商，商家使用该ERP只需要简单授权即可完成对接；商家自有系统接入；震坤行定制接入；商家直接将数据导入。

商家对接方式如第194页的图所示。

在商家平台层，商家可以自主发布和管理商品数据，参与订单竞价和询报价，同时使用大数据分析报告进行运营策略调整和商品竞争力调整，再通过商品营销套餐进行定向的商品营销以提升自己的销售额。商家平台自己的绩效动态可见，从而激发商家的积极性。商家平台页面如第195页的图所示。

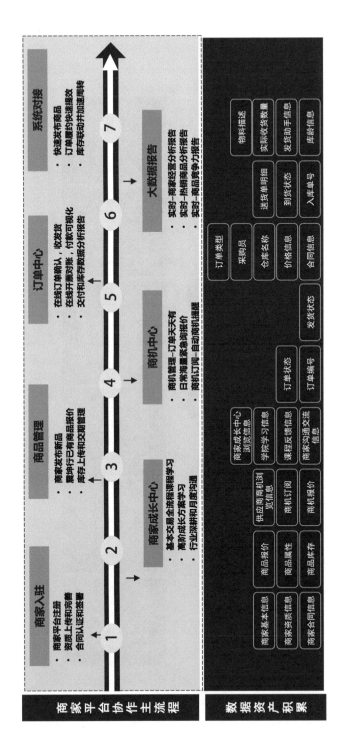

- **数字化赋能——系统对接**

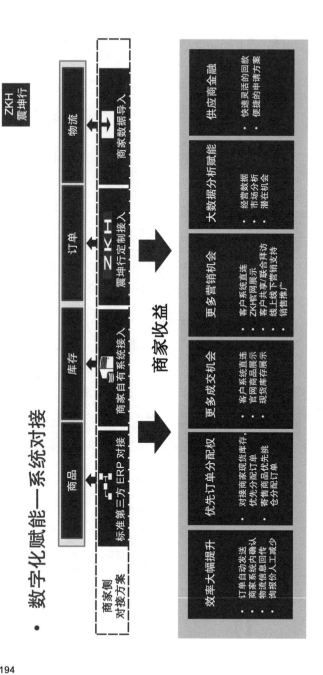

第 7 章 电商企业震坤行如何建设数智化采购供应链

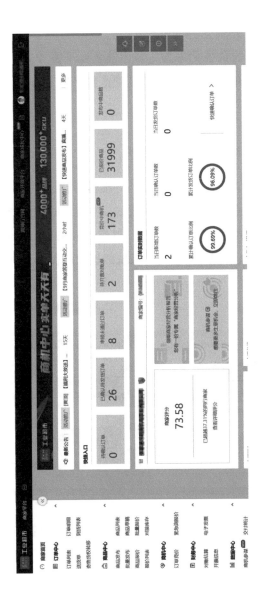

第3节　采购数智化管理创新

震坤行的数智化采购,与传统企业采购方式相比有三大创新:智能报价与寻源系统、构建商家数字化生态、数字化平台运营。下面分别介绍。

创新一　智能报价与寻源系统

震坤行专门推出了线上智能寻报价功能。客户只要进入震坤行官网,通过Excel批量导入数据,便能实时获取产品价格及其他信息,大大提高了采购效率,也使得未来MRO的"一站式采购"成为可能。其中智能寻源系统的架构流程如下图所示。

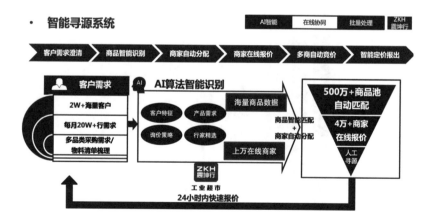

震坤行推出的线上智能寻报价功能具有如下特点。

(1)针对大批量清单,进行客户需求澄清。针对大批量清单的报价,首先由专业的产品专家进行评估,从类目和品牌的匹配性、区域和客户具体要求的维度进行报价需求分类，确定的进入询报价系统进行流转，需要二次澄清的和客户进行沟通。

（2）针对小批量清单实现 AI 算法商品识别、工业品百万商品库自动匹配。针对百万商品库，根据多维度算法和规则对自动的商品品牌、商品名称、参数规则进行智能匹配，同时进行超高性价比商品震坤行行家精选推荐。

（3）商家主数据标签化，系统自动分配询价。根据询价策略结合商家的主数据标签，比如品牌资质、供应品类、覆盖范围等信息进行询报价需求的自动分配和邮件发送，商家可实现在线报价和信息反馈。

（4）商家在线协同报价，自动化竞价优胜规则。根据多家商家报价结果，提前设置优胜规则，系统进行自动判断和加价自动报出，不同类目和品牌的加价根据智能定价系统规则进行处理。

（5）智能定价报出和调整。针对系统自动报出的产品价格，可以结合客户实际情况，进行规则调整再要求商家报出最终价格。

智能匹配结合海量商品库建设和商家的在线协同共同确保了对客户需求寻源的快速响应。最主要的是持续的商品数据库建设、商家的开发、商家标签体系建设和维护，使得震坤行基于数据资产本身来做询报价需求的快速匹配。与传统采购的作业方式相比，震坤行的数智化采购在效率和准确性方面都有了很大的提升。

创新二　构建商家数字化生态

围绕数字化对接，震坤行在重点建设以商家为中心的生态圈。生态圈建立的先决条件是有足够多的商家和强大的 IT 研发能力，此外还要以透明化的订单分配和激励规则为基础，加上合理的商家评估分级体系，让商家了解如何做、做什么自己才能获取更多订单激励。同时要通过赋能方案（从商家引入期到成熟期全过程支持），帮助商家快速了解震坤行和各种流程规则，快速学会系统使用，快速了解商家侧的赋能工具和政策。相关示意如下图所示。

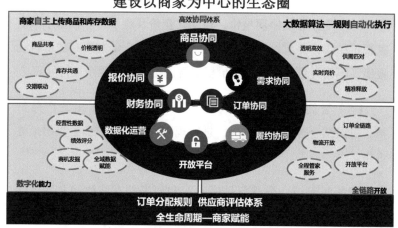

建设以商家为中心的生态圈

震坤行的主要做法是：开发可全面赋能商家的方案和工具，让供应商真正切换到商家，以服务客户的心态来帮助商家在震坤行平台更好地做生意，获取更多订单，为商家提供成长中心、商机参谋、代管代发、直提直送、系统对接等一系列赋能方案。

- **商品管理**：商家可以自主发布自己的优势商品并进行管理，在线进行价格和库存的数据更新，同时结合商品分析报告进行平台热销商品的快速发布，并根据竞争力分析报告了解每件商品的竞争力详情，以进行交期和价格竞争力的调整。
- **商机中心**：这是震坤行对所有有资质的商家开放的竞价平台，商家可以公开透明参与订单竞争和询报价，可充分发挥自己的供应能力和优势。询报价通过系统方式从客户侧传递到商家侧，进行充分的商家竞价可以帮助客户选择真正有竞争力的商家。
- **商机参谋**：为商家提供大数据分析服务，包括经营分析、商品分析、竞争力、库存分析，品牌分析等。这类服务是免费提供给商家的，以帮其进行运营优化。同时震坤行还提供专业的解读课程，以帮助商家挖掘分析结果中的生意机会和风险，快速做出调整。
- **商品营销**：震坤行为商家提供线上线下全类型营销方式，以帮助真正有实力的商家获取更多的生意机会。营销方式包括不同行业场景化的营销方案、各种品牌和品类专业直播、不同渠道的广告投放和营销合作机会、每年70余场次的走进客户路演及各种行业展会。
- **商家成长中心**：从入驻到成熟，为商家全流程提供赋能方案和课程内容，帮助商家快速成长，了解震坤行平台使用和规则，掌握商家平台各个模块使用方法，了解商家高阶运营优化方案和各行业、各品类的专业商机。商家成长中心示意如下页图所示。

创新三　数字化平台运营

推行数字化，需要商家的参与。在对接过程中，工业品行业的商家有很多疑虑，包括对接后数据泄露；利益驱动力不足，商家没有意愿对接；系统对接专业性强，商家缺乏 IT 人员；ERP 老旧无法对接；商家担心收费问题。通过分析得知，除了对接带来的效率提升，很多商家更倾向于实际的订单金额提升，为此震坤行运营团队设计了以下解决方案。

- 自动化订单分配规则，让利 2% 给做库存对接的商家，产品商家可获得销售订单优先挑仓权。
- 官网直接展示提升成交机会，以流量倾斜的方式帮助商家营销，以此来加强商家的库存周转。
- 更多大数据分析报告的提供，帮助商家掌握生意机会和竞争力情况，及时调整策略，提升成交率。
- 专业化的商家数字化顾问和对接标准流程。
- 提供免费的 SaaS 工具以帮助商家进行内部商品和库存的管理。

总结：在推动商家数字化的过程中，提升商家的对接意愿非常重要，同时要打破商家在对接方面的疑虑。因此，要帮助商家理解对接带来的好处，还要在技术人员和激励政策支持上做好充分的准备。

对于对接后的运营沟通，除了要有好的方案和好的工具平台外，与商家进行高效沟通也很重要，商家运营服务团队可进行标准化作业则更重要。因此，确保不同团队、不同的人在同一时间、不同地点看到的信息是一致的。震坤行供应链团队提出快速解决信息沟通问题的方案，该方案要求沟通渠道统一、沟通内容统一、分类定制、自动化运营触达，通过运用商家运营大盘看板来确保内部数据统一，运营结果实时显示并可进行快速调整优化，具体如下图所示。

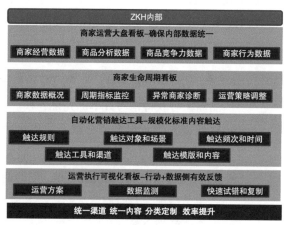

震坤行的数字化运营实现如下两大目标。

（1）阳光化。订单分配规则全网公布，结合每月举办的商家沟通大会，由公司高层将所有政策规则、赋能方案和工具同步给商家，并让商家获得第一手资讯。

（2）良好沟通。为商家提供1对1的专属运营和招商服务，商家可通过意见反馈系统进行问题反馈，震坤行会在24小时内回复。商家平台公开CEO和供应链VP个人联系方式，商家有问题可以直接反馈。同时每周开展一次商家直播培训，每月开展一次伙伴沟通会，届时商家可在线实时提问或反馈意见。

震坤行是一家电商平台公司，对供应链全链条的敏捷协同要求极高，故其通过全链条的采购数字化改造，来重构中国传统工业用品采购生态。它们将交易平台、数字化工具、智能化服务融合，以实现供应链扁平化、智能化、协同化。当然其在供应链数字化实践上、在不同阶段仍面临着不同的挑战。以客户为中心，以生态化、阳光化、专业化与数智化为抓手，不断迭代创新，是震坤行的采购数智化要继续并持续走的路。希望震坤行的做法对电商平台公司的数字化及数智化建设有一定启发。

第五部分 PART

展 望

- 第 8 章 迈向数智化采购

第 8 章 CHAPTER

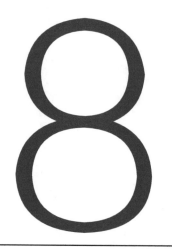

迈向数智化采购

数智化采购拥有更智能的决策及全新的价值主张,代表着采购管理的无限可能。本章重点介绍采购中台、机器人流程自动化(RPA)的应用及数智化采购的一些发展趋势。

第 1 节 采购中台

在企业的数智化采购业务中,采购的"前台"就是企业的需求用户、采购员、资源开发工程师、供应商管理工程师等业务相关人员开展采购业务的阵地;而采购的"中台"就是采购资源整合、采购能力沉淀的平台体系,其可对采购数据、供应商分类分级、供应商资信、法务服务、电子签章、税务计算、物流运输、履约保险服务、第三方资金、第三方担保、采购平台的计算资源等提供支持。

前台和中台本质上是工作分工的问题。"小前台+大中台"的运营模式可以促进管理更加扁平化。十几人甚至几人组成的一线团队(小前台),可以根据实际情况迅速决策,并进行精细化执行。而一线团队要想精细化执行各种任务,必须得到后方(大中台)提供的强大的支持。所以如果中台没有办法承接前台的需求,前台就会不认可中台服务的价值。前台和中台的关系示意如下图所示。

所以采购中台是什么?采购中台就是采购资源整合、采购能力沉淀的平台体系。智能采购中台就是运用数字技术、AI技术将采购资源、采购能力以数智化的方式整合和沉淀,并为前台采购工作提供支撑的平台体系。采购需求是业务人员提出的,采购中台如果没有办法承接业务人员的需求,业务人员就会不认可采购中台的价值。

企业采购组织向采购中台进化的趋势

公司在发展壮大的过程中，企业的事业部也越来越多。每个事业部都有自己的采购需求，当我们开展具体的采购业务时，每个事业部都需要供应商资源开发、合同商务、采购履行、结算支付、IT服务等方面的基础支持。很多传统企业的每个事业部都会有自己专属的采购人员。随着公司的发展壮大，许多业务部门内提供基础支持的工作在很大程度上会有重复，若信息不能共享，就会导致许多资源被浪费。

另外，每个采购团队的水平参差不齐，怎样使每个团队都能够在既保证质量又保证效率的前提下完成任务？为此，我们急需一个有效的机制来对公司内部的供应商资源开发、合同商务、采购履行、结算支付、IT服务等资源进行整合，由整合后的组织统一为各个事业部提供支持和帮助。

同时，很多企业的各事业部实行独立核算，导致各事业部往往从自身利益出发来进行工作，这会影响事业部之间的协作，难以形成企业合力。近年来很多企业迅速扩张、采购员工众多，所以可能会存在管理不善、效率低下、各事业部各自为政等问题。为了解决以上问题，可以引入中台思想，即通过"小前台＋大中台"的运营模式使采购组织管理更加扁平化，使采购管理更加高效、采购组织运作效率提高、采购业务更加敏捷灵活。

采购中台的价值就是提炼各条采购业务线的共性需求，将采购资源整合，将采购能力沉淀，然后集中提供给前台各业务部门使用。前台要做什么采购、需要什么资源可以直接向采购服务部门要。有了丰富灵活的采购中台的支持,"小前台"可更加灵活敏捷。采购中台的核心价值还是为企业降本增效,让采购业务从被动响应向主动服务转型,从事务性采购向战略性采购转型,同时更好地管控采购风险。

数智化的企业采购中台包括的内容

数智化的采购中台本质是采购业务的共性需求,是采购资源整合,也是采购能力沉淀,因此采购中台是不断发展的。以下内容并不代表完整的采购中台,这里仅是抛砖引玉,希望给读者一些启迪。

1. 共享的数智化供应商资源池和商品池

案例 1

某公司对于三四类物资,放权由各个事业部自行采购。某次审计调查时不经意间发现,有两个事业部同属一个城市,购买的同一类商品竟来自同一个供应商,但价格却不相同。

案例 2

某公司的 A 分公司将供应商甲加入黑名单,但是 B 分公司在招标时因为不知道这个情况,继续让这家供应商进入。

上述两个案例描述的现象在很多家企业中都有,并不是特例。对于一家企业来说,统一的供应商资源池非常重要,统一的商品池和价格管理也非常重要。即使一家企业没有实现集中采购,如果有共享的数智化的供应商资源池和商品池,也不会发生案例中的情况。

共享的数智化供应商资源池可共享供应商分类，比如战略供应商、客户指定供应商、黑名单供应商、内部供应商等。这就相当于共享了供应商分级，比如一级优选合格供应商、二级优选合格供应商、一般合格供应商、待淘汰供应商等。

共享的数智化商品池和价格库，让各事业部可以充分利用和参考，以减少重复性工作和浪费的资源。

2. 市场化外部供应商信息资源的整合和连接能力

每一家企业都有寻找新供应商的诉求。在过去，采购人员一般通过搜索引擎、资源网站、权威排名、自身人脉等方式寻找新供应商。采购人员希望中台为其提供资源整合能力和连接能力。所谓的资源整合，就是将尽可能多的品类供应商整合在一起，然后供采购人员挑选。所谓的连接能力，就是将各种资源池连接在一起。

案例　A网站上有7万多家钢材的供应商，B网站有2万多家钢材的供应商，C网站有3万多家钢材的供应商，既有重合，又有差异。某采购人员希望有一个统一的搜索入口，可同时连接三家网站的钢材供应商资源。这样的入口将大大节约采购人员的时间。

3. 权威供应商资信资料的整合和连接能力

对于每个供应商来说，都有自己企业的资信材料，比如阿里巴巴的企业芝麻信用、中国人民银行的企业征信等。从采购员的视角来看，希望有一个中台，连接这些权威的资信资料，整合数据资源，为采购人员进行服务，让其可以很方便快捷地查阅供应商的资信。

4. 数智化供应商的整合和连接能力

案例　某企业要建立自己的电子采购平台，需要连接诸如苏宁企业购、天猫企业购、京东企业购、震坤行、西域、小米企业购等电商型数智化供应商，但是若一家一家地进行系统对接，需要大量的IT支出。而且某供应商甚至提出需要签署一份协议，保证每年在其平台产生至少800万元的采购额，才愿意与其进行系统对接。

数智化的整合和连接能力能让效率大幅提升，以订单为例，企业内部系统的采购订单，能够直接传输到供应商的销售平台内，成为供应商系统内的销售订单，这个过程无须二次数据录入。企业希望有这样一个采购中台，提供与这些数智化供应商的整合和连接能力，无须一家一家地进行系统对接，企业只需要进行商务谈判，技术对接可自动完成。

5. 合约管理与归档的整合能力

合约的管理和法务的处理是非常专业的能力。对于一家企业来说，如何尽可能减少在法务上的支出，同时又能有效控制法务风险，是非常重要的问题。因此，企业希望有这样一个中台，其能尽量共享合约管理能力和法务处理能力，并且进行数智化沉淀。

6. 数字签章服务的连接能力

当下数字签章服务正处于非常快速的发展中，国内已经诞生了法大大、e签宝这样的数字化签章服务商，使用数字签章服务不仅成本非常低，而且法律效力得到了最高人民法院的认可。过去企业间签署一份合同，需要打印好几份的纸张合同，来回至少需要20元的快递支出和一周的时间。有了数字签章之后，不需要打印了，仅需大约2元的签章费用和几乎可以忽略的时间就可以完成合同的签署工作，提升了效率，降低了成本。

因此，企业希望在采购业务流转的过程中，有这样一个采购中台：在诸如标书发放、供应商报价、中标通知、订单生成、结算单生成、合同签署、协议签署等过程中，都能非常方便地接入第三方的数字签章服务。

7. 税务管理与数智化发票连接能力

案例 某企业购买1000套橱柜，价值400多万元。对于供应商来说，要开增值税专用发票，其中橱柜的税率是16%，运输的税率是10%，安装服务的税率是6%，而该供应商发票的票面限额是万位，也就是每张最多开99999元。限于种种规则，供应商在开票方面非常头痛，而且由于分拆、小数点等原因，存在税差，开好的发票极可能被采购方退回。

企业希望有这样一个中台，以双方确认的账单作为数据输入，能够快速按规则进行发票分拆，也就是预制发票。预制发票的同时，也分拆了账单，自动进行了三单匹配。同时，通过一个共享的打印接口，快速打印发票。通过中台能力的输出，可快速实现发票的制作和打印，大幅提升效率，同时实现零差错。

8. 财务核算连接能力

每家企业都要进行财务核算，几乎每家企业现在都通过财务系统进行核算，因此，对于采购来说，需要将凭证信息传递到财务系统内。当然，最高效的传递方式就是系统对接，数据实时同步，但是 IT 对接的成本高昂。因此，企业希望有这样一个中台，能够简单方便地实现凭证信息传递到财务系统，甚至是传递详细的订单信息、发运接收信息、结算发票信息等到财务系统。

9. 数智化的物流运输连接能力

对于采购人员和需求用户来说，都希望能看到供应商发运后的详细物流信息，甚至希望能以地图的方式实时查看物流运输情况。当下物流商的数智化正在快速发展中，几乎所有的快递企业都实现了全程监控和数据输出。因此，企业希望有这样一个采购中台，能够连接尽可能多的物流商的数字信息，能够整合电子地图的服务商，为企业的需求用户和采购人员提供物流运输信息的数智化、可视化。

10. 数智化的仓储整合和连接能力

案例　某企业的零部件采购大部分采用 VMI 方式，当前订单仍然采用寄售的形式。企业希望实时向供应商展现仓库情况，并且向供应商显示数量上限和安全下限，由供应商自主主动式补货。

当下，第三方仓储的应用越来越多，企业希望能够方便快捷地查阅线边仓、寄售仓、第三方仓甚至供应商仓的物资数量，如果要通过一个一个的系统对接来实现，成本太高。因此，企业希望有这样一个采购中台，能够整合和连接各方仓库的库存数据，实现实时的传播和查阅，还会大幅提升供应链的效率。

11. 预算管理的整合和连接能力

预算管理分为预算编制、预算控制和预算分析。企业的采购过程，本质上也是预算的执行和控制过程。因此，采购中台也应该提供预算的控制能力。预算管理能力作为一个共享的能力，在采购需求发生的时候，应能够提前占用预算；在采购需求被否决的时候，应能够释放预算；在采购订单执行完成后，应能够进行预算结算，对预算进行扣减。预算的编制是在财务系统中完成的，因此采购中台也需要提供预算的连接能力。

12. 金融资源的整合和连接能力

案例一　某A企业的采购结算周期和账期统一为月结90天，A企业和B银行有一份应收账款融资保理的合作协议，A企业获得的银行利率是4.5%，授信为10亿。在企业采购过程中，很多供应商有比较紧迫的资金周转需求，A企业和B银行联合为某C供应商提供的利率是6.5%，A企业希望能够快速向B银行提供数智化的审查资料，快速向C供应商放款，并且自动计算和抽取利差收益。

案例二 某A企业对供应商的支付方式主要是电子银行承兑汇票，对于供应商来说，希望有快速的贴现渠道和方式，能自动地进行贴现率的排名，希望能有快速的电子汇票拆分工具，快速进行流转。

以上两个案例中都需要一个这样的采购中台：能够连接尽可能多的银行，连接尽可能多的金融服务商，将各家的金融服务聚合起来形成共享的金融服务。

13. 保险资源的整合和连接能力

企业采购的物资往往货值比较高，一车货运费可能只有1万元，但是货值却高达数百万元，一旦发生事故，后果往往非常严重。因此，企业物资运输对保险的需求非常高。企业期望有一个采购中台，能够连接尽可能多的保险公司，将各家保险公司的保险服务聚合起来形成共享的保险服务。

14. 共享的实时数据中台

对于企业采购业务来说，数据极其重要，且在数据的实时性方面要求非常高，因此对采购的数据中台的需求是不言而喻的。

第一是数据技术需求。没有数据中台的时候，各家企业都有自己的数据中心、机房、小数据库。但当数据积累到一定体量后，这方面的成本会非常高，而且数据之间的质量和标准不一样，会导致效率不高等问题。因此，需要通过数据技术，对海量数据进行采集、计算、存储、加工，同时统一标准和口径。

第二是数据资产需求。数据中台把企业的数据统一之后会形成标准数据，数据中台会对统一后的数据进行存储，形成大数据资产，这是为企业采购业务提供高效服务的基础。

第三是数据服务需求。这类需求的服务对象包括采购方和供应方。采购大脑、采购参谋、生意参谋，就是数据中台中提供的数据服务。

15. 共享的技术中台与计算能力

数智化采购也需要强大的技术中台的支撑。比如，通过负载均衡、分布式消息队列、分布式任务调度、分布式数据库等技术可实现资源整合和能力沉淀。技术中台是面向"智能+互联网"时代的新型企业IT架构体系（也可称为企业级互联网架构）。阿里云的Aliware就是一种技术中台，其可为企业提供高效、稳定、易扩展的中间件。

第2节 机器人流程自动化的应用

RPA（Robotic Process Automation，机器人流程自动化）是数字工具，可以协助企业员工处理大量基于规则的、重复的工作流程任务。基于RPA技术打造的软件机器人就可以快速、准确地完成重复性工作，如下页图所示。应用RPA的好处：一方面可以节约员工大量宝贵的时间，让其可以去解决更高价值、更有挑战性的工作；另一方面可以减少人工错误，以保证企业业务实施过程中零失误，进而提高企业运营效率、大幅度降低企业运营成本，真正帮助企业实现降本增效。

第 8 章 迈向数智化采购

面对数字化发展的进程,企业领导者将会对传统采购执行流程的诸多方面提出质疑:

- 采购订单是否需要纸质文件?
- 为什么采购订单还需要花 15 分钟填写?
- 供应商是否可以使用数字化的发运单?
- 为什么采购员每天都在催货、催料?
- 企业是否会需要纸质化的企业签章?
- 为什么还在用邮件和 Excel 表格进行对账?
- 为什么每个月还要手工对账?
- 能否通过移动端实现移动收货业务操作?
- 供应商能否实时接收我们的付款信息?
- ……

RPA 通过批量执行重复性任务,可实现从核心的采购到发票管理活动的自动化和标准化,帮助企业全面提高采购效率,持续降低管理成本

- 采购申请自动转订单
- 应用电子签章,无须纸面盖章
- 在线追踪物流进度
- 自动生成电子增值税普票、专票
- 在线自动产生数字对账单
- 自动触发补货请购
- 自动分配审批任务
- ……

217

RPA 数字工具的自动化实践

在企业数智化采购转型过程中，对于那些结构化的数据和有明确规则的环节，可以应用 RPA 工具实现自动化执行。

1. 采购申请自动转订单 RPA 引擎

对于很多企业的采购人员来说，有一项非常烦琐但又看起来很正常的工作，就是向供应商下订单，然后处理随之产生的催货催料、物流追踪、交易纠纷处理等工作。

企业要想使用 RPA 工具，需要具备如下几个条件。

- 与供应商之间有数智化的价格协议，物资的价格、有效期、付款方式、付款条件等要素要齐全的。
- 对于同一类物资，如果涉及多个供应商供货，也就是有多个价格协议并存，此时若该类物资是生产性物资，则需要通过份额来控制在哪家供应商下单；若是非生产性物资可以由需求用户决定用哪家供应商。
- 同一个采购需求单据涉及多个供应商、多类物资时，需要设定一个规则，基于该规则可将不同供应商的物资需求、不同属性的物资需求拆分为不同的采购订单。
- 要有一个订单信息的补全规则，基于该规则，对于少量出现交易异常的订单，系统可自动进行信息补全，包括补全跟单的责任采购员信息。

满足了以上几点要求，我们就可以来设计采购申请自动转订单的 RPA 数字工具了。

（1）对于非生产性物资，将价格协议以商品的形式开放给需求用户以供其选择，需求用户在选择商品时，应该向其展示供应商和价格等信息。在用户购买的过程中，RPA数字工具可自动将商品购买记录拆分到多个订单，并根据相关规则自动补全订单信息。之后，将转换成功的订单自动发送给供应商。具体如下页图所示。

（2）对于生产性物资，计划员将采购申请传递到需求池后，依据份额的设定自动提取价格协议，此时通过RPA数字工具自动将采购申请拆分为多个订单，并根据相关规则自动补全订单信息。之后，将转换成功的订单自动发送给供应商。

在企业应用RPA数字工具进行自动转订单的实践中我们发现，这对企业执行效率的提升影响巨大。假设有8000行采购需求明细需要采购部门来处理，其中90%有明确价格协议和份额，那么将有7200行的采购需求可通过RPA数据工具直接转换成采购订单并发送给供应商，而采购人员只需要人工处理剩下的800行采购需求明细。过去8000行采购需求明细都要人工处理，这会是30个采购员的工作量，现在只需要5个人就可以完成。RPA节省的都是纯事务性工作量，可为企业大幅降低间接成本。

2. 自动结算RPA数字工具

对于很多企业来说，对账结算是一个非常费时费力的过程，而且这个过程不增值，即使采用月结、半月结等周期性的结算方式，也只能略微降低一些工作量。因此，我们思考，是否可以通

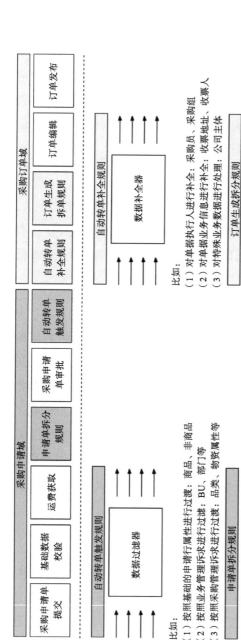

过 RPA 数字工具便捷和快速地实现对账结算？传统的对账流程如下图所示。

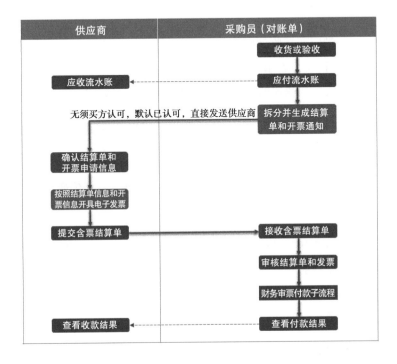

那么如何通过 RPA 数字化工具实现对账结算功能呢？笔者认为可以从如下几方面入手。

（1）一旦物权从供应商转移到买方企业，那么直接形成买方的应付流水账和供方的应收流水账，双方都可以在线查阅。如果有异议，可以直接在线实时对账，实时解决问题。

（2）可以设定一个规则，该规则可自动在某个时间点触发，将一定时间范围内的应付流水账按照公司管理规则进行拆分，如公司主体、业务单元、项目、物资属性、费用类型、合同、价格协议、订单、税率、收票人、收票地址等，拆分后形成多个结算单（含开票申请信息），生成后的结算单直接发送给供应商。

（3）供应商接收到结算单之后，按照要求的开票信息进行电子发票的开具。应用电子发票不仅可以自动解决发票真伪问题，还可以解决发票快递的问题，从而大幅缩减相关处理时间。

（4）供应商基于结算单开具发票，相当于自动进行了三单匹配。

（5）采购侧收到含票的结算单之后，就可以直接传递给财务侧进行付款了。

整个结算开票过程几乎不需要采购侧进行事务性工作，在大幅减少工作量的同时，也极大地缩短了结算的时间。这就是RPA数字工具为结算开票实现自动化的原理和方法。该过程的形象展示如下页图所示。

3. 供应商绩效考核自动化

在很多企业中，供应商的绩效考核是一个比较耗时耗力的任务，即使使用了采购管理软件，工作模式仍然是先制定绩效考核问卷，然后发放给相关的专家评委，再收集并统计考核结果。

那么是否可以通过RPA数字工具帮助供应商实现绩效考核提速呢？由前述应用RPA的条件可知，要有结构化的数据和明确的规则。因此，我们首先应解决数据来源的问题。对于绩效考核来说，数据主要来自如下3个方面。

第 8 章 迈向数智化采购

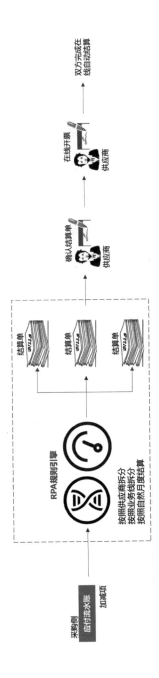

（1）**用户侧的直接评价**。需求用户、采购员、仓管员等人员都可以对采购过程直接进行评价，比如评价产品质量、送货速度、服务态度等，由于是主观评价，故推荐采用5分制、10分制或五星等方式让自用户侧的主观评价更加数字化。

（2）**主动发放的评分卡**。由供应商管理员定期、定向向一些关键用户发送调研评分卡，以收集他们对供应商的主观评价，可以每个月、每个季度收集一次，也建议采用5分制、10分制或五星方式。

（3）**通过数智化采购平台收集完全由数字反映的客观数据评价**。比如供应商平均接单时长、供应商平均发货时长、供应商平均到货时长、到货及时率、退货率、一次到货合格率、供应商商品平均图片数、供应商开票及时率、供应商报价响应率、供应商中标比例等，这些客观评价都可以直接通过结构化的数据展现。

在解决了数据源的问题后，就可以通过RPA数字工具来承载绩效评价的规则了（见下页图所示）。

（1）无论是主观数据还是客观数据，都可以转化为分数，比如到货及时率98%以上为10分，到货及时率95%～98%为9分，依此类推，只要规则明确即可。

（2）设置权重，比如到货及时率占比15%，对产品质量的主观评价占比10%，依此类推，对不同品类的供应商可以设置不同的权重，只要规则明确即可。

（3）设置周期，每月、每个季度、每半年或每年评价一次，

第 8 章　迈向数智化采购

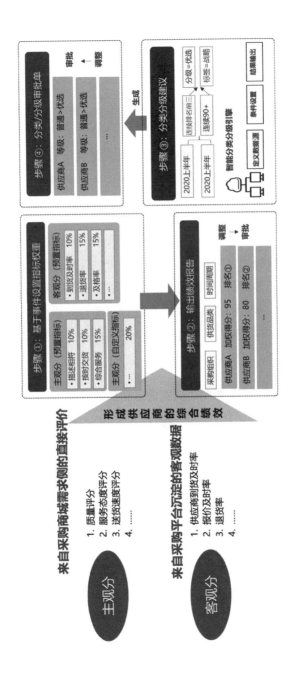

具体视企业的具体情况而定。注意，可以多种周期共存，比如设置了每月一次，还可以设置每年一次。

按上述思路接入RPA数字工具之后，就可以全自动地按时计算出供应商的绩效评价结果了，无论是对100家供应商，还是1万家供应商，都可由RPA数字工具来完成，无须人工参与。得到供应商绩效的自动评价结果之后，供应商管理员可以依据管理上的规则和诉求，对结果进行适当的人工调整。

当有了供应商绩效评价结果之后，可以利用RPA数字工具形成对供应商的升降级建议，比如一个供应商连续三个季度的绩效评价大于80分，那么就可建议该供应商升一级。由RPA数字工具自动对所有的绩效评价结果进行阅读，形成全方位的供应商的升降级建议，此时，再由人工来根据自动生成的升降级建议进行最终决策，形成最后的结果。

4. 通过RPA数字工具实现自动预算控制

在很多企业中，预算的控制常常是个难题，对预算进行冻结、释放、决算往往需要财务人工介入，此时可以思考引入RPA数字工具。

通过RPA数字工具可实现自动预算控制，具体实现逻辑如下。

（1）将预算编制的结果导入，这是预算控制的前提。预算一般分为资本开支预算和成本费用预算。

（2）在采购申请提报环节提交采购申请单，此时如果商品的价格是固定的，则按固定价格进行预算占用；如果商品价格未定，则按参考价格进行预算占用。

（3）如果某一申请单的审批被拒绝，则该申请单相关预算释放。

（4）如果某一申请单走到订单环节，则在订单履约完成后，要对预算进行决算，这时默认预算支付出去了，多余占用的预算要释放。假设商品实际下单价格为 2.8 万元，与预算的 3 万元相比多占用了 2000 元，所以这 2000 元要释放回预算池。

（5）在结算环节，还可能发生调整应付账款和发票尾差的情况，此时也要对预算决算的结果进行修正，多占用的预算要释放回预算池。

上述逻辑的示意如下页图所示。

数智化采购平台中 RPA 数字工具展望

在数智化采购应用中，只要有结构化的数据、有明确的业务规则，就可以考虑应用 RPA 数字工具进行采购执行的自动化。

下面列举了一些可以应用 RPA 数字工具的环节。

（1）采购商城商品的自动比价。

（2）采购商城商品的自动下架。

（3）供应商的订单自动确认。

第五部分 展　望

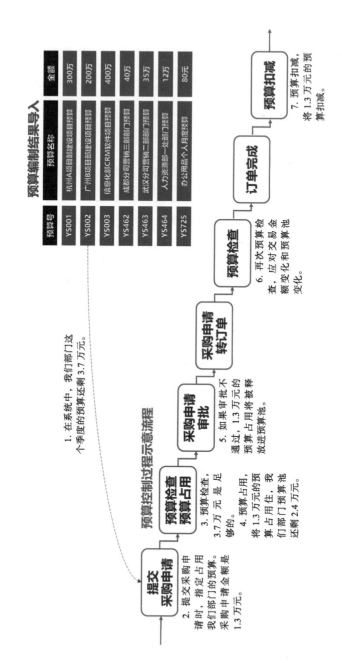

（4）采购申请自动取价按份额分配下单。

（5）非目录化采购申请自动分派。

（6）自动收货确认。

（7）供应商认证任务自动分派。

（8）供应商自动风险预警。

（9）寻源结果自动比选。

（10）寻源决标结果自动转订单。

（11）价格协议到期自动生成采购计划。

（12）自动生成补货采购需求。

第3节 数智化采购发展趋势

笔者认为，企业采购数智化的未来一定与云计算、产业物联网、移动互联网、大数据、机器智能等新技术密切相关。具体来说有如下几点。

1. 云计算将帮助构建协作的 SaaS 平台

在传统模式下，企业与供应商之间的交互、企业与客户之间的交互存在如下不足。

- 重系统投入，高对接成本。
- 点对点交互，信息不共享，交易不透明。

- 每个交易行为都是孤立的。
- 企业内部自成体系，与外界缺乏联系。
- 架构与功能缺乏整体性设计。
- 流程断点多。

在互联网大发展的背景下，利用云计算构建企业与供应商交互协作的 SaaS 平台可以实现：

- 低系统成本（SaaS），在任何时间、任何地点进行办公。
- 透明，公开交易，信息可共享。
- 流程和技术的标准化，线上线下整合，快速接触新功能。
- 连接外部供应资源，保证资源供应的双向性、多场景性、多层次性。
- 让企业系统保持先进、高效、稳定。
- 业务流畅运行。

2. 云计算和机器智能将帮助构建全在线、可预测的供应商协作模式

数智化采购将智能预测供应商谈判的场景和结果，分析并推荐最优供应商和签约价格，同时自动执行供应商寻源任务，最终建立可预测的供应商协作模式。

（1）**预测谈判双方条件变化**：应用机器智能技术，构建敏感性分析模型，预测谈判双方条件变化对签约价格及采购成本的影响，帮助谈判人员识别关键因素与节点，从而控制谈判风险并削减采购成本

（2）**实现智能高效的供应商选择**：在报价和竞标等环节，基于预设标准自动评估和推荐最优供应商，并基于商品数量和供应商折扣自动推荐最优签约价格，实现智能与高效的供应商选择及合同签订流程。

（3）**提高协议的达成效率**：基于最佳实践构建合同条款库，在电子合同签订环节自动识别合规且适用的条款，帮助企业提高合同签订效率，并确保合规性。

基于数智化的供应商协作模式参考如下图所示。

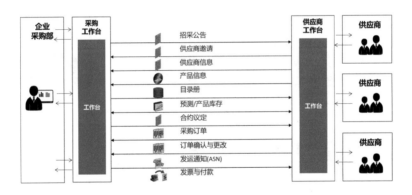

3. 企业采购商城成为采购部门的共享服务柜台

企业采购商城将不再仅是一个货架，而会成为一个有货架的服务大厅。用户在这个服务大厅不仅可提采购需求，还可享受采购部门提供的各种服务，比如请采购员帮助询一个价格、向采购部门推荐一个商品等。企业采购商城架构参考如下图所示。

终端需求用户的目录化采购需求	终端需求用户的非目录化采购需求	Punchout 选品采购需求	伙伴用户的目录化采购需求
目录化选品 + 采购申请	非目录化采购申请（有物料，或无物料）	Punchout 选品 + 采购申请	外部伙伴用户 + 目录化选品 + 采购申请。伙伴用户下单，收货，对账，都是自己直接对供应商
"代购"型的采购需求	"团购"型的采购需求	"发放"型的采购需求	未审批的计划性的采购需求
（目录化 + 非目录化），帮别人提需求，可能是报账员 / 品类专员 / 助理等，经常要导入	目录化选品 + 团购申请，可能团购成功，可能团购失败。不是一定要买的采购需求	（目录化 + 非目录化），帮别人提需求，多是职能人员向多地发放物资的采购需求。收货地址很多，经常要导入	（目录化 + 非目录化），这是推导出来的计划，是明确的采购需求，但需要审批
库存领用需求	利旧领用需求	寄售类的领用需求	已批准的计划性的采购需求
目录化选品 + 领用需求可能有内部交易	目录化选品 + 领用需求可能有内部交易	目录化选品 + 领用需求，表现是领用，实际会产生向供应商的购买	（目录化 + 非目录化），这是推导出来的计划，是明确的采购需求。已经完成审批，从外部导入
非目录化询价需求	主动式需求预测	被动式需求预测	价格更新需求
用户需要采购员帮助就某一物资进行询价（有物料，或无物料），得到价格即可	主动向采购部门反馈未来某段时间的采购预测	采购部门发放需求预测调研问卷，用户反馈需求预测内容	有些价格协议快到期了，需要进行新的价格谈判。或询价比价，或单一资源谈判
向采购部推荐供应商	向采购部推荐商品请求上架	咨询、建议、投诉类需求	
用户只是向采购部门推荐供应商智能客服	用户只是向采购部门推荐商品，希望能上架	沟通式需求智能客服	

4. 大数据将帮助构建实时支出分析体系及采购需求预测体系

数智化采购将建立实时支出管理体系和支出知识库，预测分析技术可帮助企业预测采购需求和支出结构，进而定位关键支出，实现可持续降本战略。

（1）**数据监测与解读**。通过标准化的监测面板，供应数据分析应用能够将各种数据汇集起来，使采购用户和企业用户双方均可对其进行分析解读,进而解决具体问题。

(2)**预测支出类别与结构**。打造认知支出解决方案,借助计算机实时分类与管理支出数据,同时结合预测分析技术,快速预测支出类别和结构,从而为企业定位关键支出,提供成本节省和风险降低的可行性洞察。

(3)**预测采购需求**。实时监控交易(合同)支出与执行,并应用机器智能技术预测采购需求,自动生成寻源建议,帮助企业优化采购与生产管理效率。

(4)**广泛细致的支出分析**。应用智能内容提取技术,及时从电子合同中提取有价值的信息,例如价目清单和支付条款等,从而完善支出知识库,帮助进行广泛且细致的支出分析。

5. 互联网新技术将帮助构建供应商绩效与风险管理体系

供应商综合绩效评估体系示意如下页图所示。

利用互联网新技术构建的供应商绩效与风险管理体系可实现如下功能。

(1)**绩效洞察与趋势预测**。实时监测和定期评估供应商绩效,帮助企业识别优质供应商群体,及时淘汰不合格供应商,最终打造前瞻性供应商管理系统。

(2)**虚拟场景的供应商审核**。未来可以应用VR或空间分析技术,通过生成虚拟场景完成供应商访问与现场审核,简化绩效管理流程。

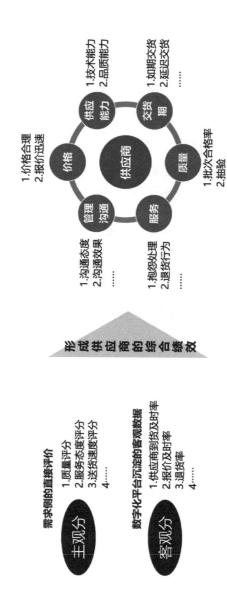

（3）风险评估数据库建立。结合第三方数据源集成整个供应价值链，建立供应商风险评估数据库。

（4）监控风险趋势与事件。捕捉并处理多样化数据及公众情绪，监控影响供应商风险的趋势与事件，帮助实现广泛细致的风险洞察，降低整体供应链风险。

6. 移动互联网将帮助实现高效的内外部沟通、协同

移动互联网的兴起将对采购产生重要影响，采购移动化也成为一种必然趋势。未来的采购基于移动互联网将会实现在任何时间、任何地点处理与采购业务相关的任何事情。

移动互联网为采购带来的变化主要体现在如下几个方面。

（1）**采购数据监控移动化**。企业采购的关键数据将可以通过移动端设备随时被查看，而且随着移动端应用的丰富和完善，数据展示的形式会更加多样化、可视化。因为可以随时且可视化查看数据，采购人员可以更及时地掌握供应商风险，对有问题的供应商可及时发出警报或进行相关处理。

（2）**审批移动化**。移动互联网广泛接入后，采购人员可以随时随地提交采购申请并查看审批结果，企业或者采购部门的领导也可以随时随地对申请进行审批。无论是采购人员提交申请，还是领导进行审批，都可以利用碎片化的时间完成，这大大提高了管理效率。

（3）**采购业务移动化**。通过移动互联网，可以随时随地查询或记录采购关键数据，查询供应商关键信息、与供应商谈判的过程等,从而使采购业务真正实现移动化,提高采购效率。

(4)**事项处理移动化**。通过移动端应用,可以实现待办事项通知和处理、供应商信息查阅和回复、协同信息查阅等,这些都是提高办事效率的关键点。

移动互联网接入采购系统的好处如下页图所示。

7. 大数据分析帮助定价、管理成本、提高质量和可靠性

大数据分析可帮助进行产品定价、产品成本管理以及提高产品的质量和可靠性。

(1)**产品定价及风险管理**。例如,对供应商进行财务大数据分析有助于降低风险,对行业需求和未来增长进行建模,并与供应市场连接在一起,可以帮助企业发现潜在的瓶颈和风险。同时,若企业的许多合同都与某些原材料密切相关,可以利用原材料价格预测功能,帮企业做出决策或实现供应基础的多元化。

(2)**产品成本管理**。未来几年,采用更先进大数据分析法的企业将能够确定特定 SKU 的细化成本,还将能够预测属于业务核心的间接资源需求,并确保后续质量可靠、价格合理和供应充足。

(3)**质量和可靠性**。通过将自身的大数据分析引擎与整个企业中的其他部门相整合,采购人员可以深入了解所购物资的可靠性。利用采购大数据分析法,采购人员可与供应商协商,争取更有利的条款,同时将所购设备与实际需求紧密匹配在一起,以此

第8章 迈向数智化采购

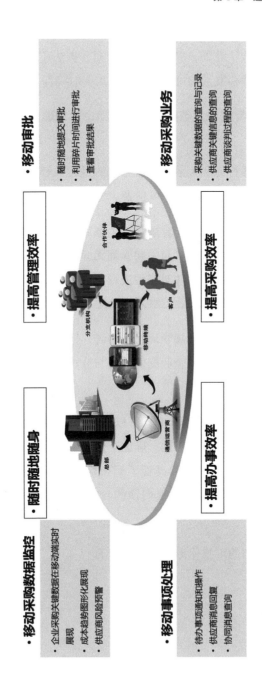

节约运营资金。此外，应用采购大数据分析法还有助于提高实际所需备件类型和数量的可见性，并在需要时确保其可用性。

8. 机器智能与大数据分析将帮助企业构建风险与合规管理生态系统

通过机器智能和大数据分析将采购过程数智化，可实现流程可追溯、可审计、可分析、可预警。

（1）通过构建风险、合规管理生态系统以及应用机器智能流程自动化技术，可将风险与采购管理无缝嵌入采购流程，从而自动监控各环节采购行为并对流程进行审计、跟踪，以帮助企业快速洞察风险与机遇，有效控制采购风险。

（2）构建风险与合规管理生态系统，还可监控异常情况，并通过高级可视化工具向企业提供监控与分析结果，帮助决策制定者实时洞察采购风险。

（3）利用大数据分析工具可以将每笔交易和其他购买行为与相应的订单合同进行对比，确定个体与整体的合规性和违规成本。这样不仅可帮助采购高管了解当前和未来的合规情况，明确违规责任方，还可帮助他们预测合规管理技术对采购组织的影响。

上述内容的可视化形式如下图所示。

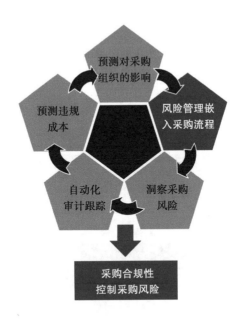

9. 大数据分析将帮助采购管理层制定决策

大数据分析将帮助采购管理层进行决策制定，这主要体现在如下几个方面。

（1）应用机器智能和大数据技术，可基于供应商资质、历史绩效和发展规划等因素，构建敏感性分析模型，从而更加准确地预测供应商对企业成本与风险的影响，帮助筛选优质的合作对象。

（2）数智化采购将应用智能分析技术，预测供应商对企业成本与风险的影响，为寻源提供可视化预测及业务洞察，从而提升供应链的整体透明度，帮助企业更加智能和迅速地制定寻源决策。

（3）借助高级的可视化管理仪表盘，直观展现寻源洞察与建议，简化领导层的决策制定过程，将寻源执行及决策周期缩短，从而大幅提高市场敏捷度。

上述内容的可视化形式如下图所示。

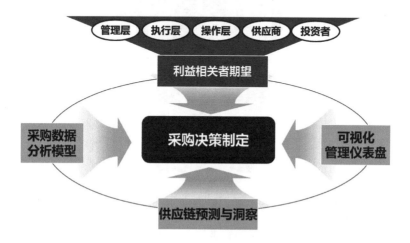

10. 机器智能与互联网新技术将改变采购组织和员工的技能结构

机器智能与互联网新技术将改变采购组织和员工的技能结构，这主要体现在如下几个方面。

（1）从事务性采购向战略性采购转型。采购部门的主要精力应放在战略寻源和供应商管理上，事务性工作应自动化完成交易处理过程。采购部门从执行部门变为运营部门。

（2）从被动响应向主动服务转型。从需求驱动型的采购组织，通过运营目录采购等形式，逐步转变为主动服务型的采购组织。

（3）采购部门的预介入。采购部门应预先介入到采购需求中，通过搜索、信息流挖掘、大数据分析等手段，帮助业务需求部门更精准地把握需求和采购方案，这样可更充分地展现采购部门的服务职能。

（4）采购专业人员嵌入业务部门。用户不是物资专家、行业专家。在采购需求提出前，用户需要采购部门、供应商的专业支持。专业的采购人员或供应商专家嵌入到业务流程中可以帮助用户解决业务问题。

（5）形成小规模的采购中央决策核心团队。由高级技术支持的小规模的采购中央决策核心团队，可满足更高层面的跨业务部门采购需求。非战略性需求则可以由业务部门采用熟练且合规的自动化方式进行处理。

在互联网和数智化时代，应重新审视采购职能的价值，并构建以用户为中心的价值理念。"面向用户、面向需求、面向体验"，依据互联网时代的无边界思维，去做生态协同。以数智化为驱动，对采购过程中涉及的各类元素进行数智化的表达，并有机地整合在一起。通过采购业务的数智化运行、数据沉淀，形成大量具有高价值的数据，继而通过认知计算、机器智能进行数据分析，并以此指导我们调整或改进采购业务，甚至构建新的采购业务。

未来已来，让我们一起拥抱变化，"智采"未来。

推荐阅读

采购4.0：采购系统升级、降本、增效实用指南

作者：姜宏锋 ISBN：978-7-111-64123-0 定价：79.00元

本书围绕"降本增效和转型升级"展开介绍，建立了一套完整的采购供应管理战略，并配套了执行的具体战术。

供应链质量防线：供应商质量管理的策略、方法与实践

作者：姜宏锋 邢庆峰 ISBN：978-7-111-64150-6 定价：69.00元

1套可落地方法论、2套实用体系、10余套即学即用模板，从3个维度帮助企业实现供应商从严检到免检的跨越。